高校日语课程思政建设研究

◎王丽莎 著

湘潭大學出版社
XIANGTAN UNIVERSITY PRESS

图书在版编目（CIP）数据

高校日语课程思政建设研究 / 王丽莎著. -- 湘潭 : 湘潭大学出版社, 2024. 11. -- ISBN 978-7-5687-1623-9

Ⅰ. G641

中国国家版本馆 CIP 数据核字第 2024UT6237 号

高校日语课程思政建设研究

GAOXIAO RIYU KECHENG SIZHENG JIANSHE YANJU

王丽莎 著

策划编辑：刘文情
责任编辑：刘文情
封面设计：张　波
出版发行：湘潭大学出版社
社　　址：湖南省湘潭大学工程训练大楼
电　　话：0731-58298960 0731-58298966（传真）
邮　　编：411105
网　　址：http://press.xtu.edu.cn/
印　　刷：长沙创峰印务有限公司
经　　销：湖南省新华书店
开　　本：710 mm×1000 mm 1/16
印　　张：8
字　　数：201 千字
版　　次：2024 年 11 月第 1 版
印　　次：2024 年 11 月第 1 次印刷
书　　号：ISBN 978-7-5687-1623-9
定　　价：68.00 元

前　言

在当今全球化的浪潮席卷之下,高等教育体系步入一个新纪元。随着信息技术的日新月异与国际交往的愈发紧密,全球宛如一个紧密相连的"智慧共同体"。日语作为连接东亚文化、促进国际理解的重要纽带,掌握扎实的日语技能,已成为当代大学生把握区域合作机遇、投身国际交流的必备钥匙。面对这一态势,高校日语教学不应仅仅囿于语言技能的磨砺,而应致力于学生综合素养的全面提升。在日语课程中巧妙融合思政教育的精髓,引领学生构建正向的世界认知、人生追求和价值体系,是当前高校日语课程改革面临的核心议题。这就要求教师在教学过程中,要精进学生的语言运用能力,着重培育其崇高的道德情操、坚定的民族自豪感以及在多元文化交融中精准表达与协作共进的能力,最终培养出精通日语、胸怀世界、深刻理解中华文化的复合型人才。高校日语课程思政建设不仅是对传统日语教学模式的革新突破,更是对新时代人才培育要求的积极响应,对深化高等教育区域合作、增强国家文化影响力具有深远意义。

本书致力于全面剖析和探讨高校日语课程思政的各个方面,内容覆盖理论基础、时代内涵、内容构建、实施路径等。第一章从课程思政出发,深入阐述课程思政的理论基础、源起及内涵,明确其实施原则与价值,并对课程思政建设进行深度解读,为后续章节奠定理论基础。第二章聚焦于高校日语课程思政的时代内涵与建设要点,揭示日语课程思政在新时代背景下的独特意义与建设的关键所在。第三章从内容构建的角度,对高校日语课程思政进行全面剖析,探讨如何在日语课程思政中培育和践行社会主义核心价值观,传承中华优秀传统文化,培养宪法法治意识,以及探究职业理想和职业道德教育。第四章则转向实施路径,详细阐述如何创建日语课程思政教学体系,有效推进其建设,推动课程思政融入日语课堂教学,并提高日语教师的课程思政能力。

本书不仅丰富了高校日语课程思政建设领域的理论研究,更为广大日语教育工作者提供了实践指导和参考。通过阅读和学习本书,读者可以更加深入地理解课程思政的内涵和要求,掌握日语课程思政建设的实施路径和方法,为提升高校日语教育的整体水平和质量贡献自己的力量。同时,本书也为我国高等教育的全面深化改革和人才培养质量的提升提供了新的思路和启示。

目　录

第一章 课程思政

在高等教育领域，课程思政以其独特的视角、深刻的意义和广泛的应用前景，成为塑造学生品格、培养全面人才的关键环节。课程思政，作为新时代教育改革的创新实践，不仅根植于深厚的理论基础，更是对教育本质的深刻反思与升华。本章绪论将全面剖析课程思政的理论根基，追溯其源起并阐释丰富内涵。同时，深入探讨课程思政的实施原则，揭示其内在价值，并对课程思政建设的深远意义进行细致解读，为后续研究与实践奠定坚实基础。

第一节 课程思政的理论基础

一、人的全面发展理论

在探讨课程思政的理论基础时，人的全面发展理论无疑占据了核心地位，该理论源自马克思主义关于人的本质和人的发展的深刻洞见，强调个体在智力、体力、道德以及社会关系等多方面的均衡与和谐发展。课程思政，作为新时代高等教育的重要组成部分，其根本目的在于通过教育教学活动，促进学生的全面发展，使之成为具有高尚品德、扎实知识、强健体魄和良好审美情趣的社会主义建设者和接班人。

人的全面发展理论认为，人的发展并非片面、孤立，而是与社会历史条件紧密相连。在课程思政的实践中，这意味着教育内容的设计与实施必须充分考虑学生的实际需求和社会发展的现实要求，既要注重知识的传授，更要关注学生的情感、态度和价值观的培养。通过融入思想政治教育元素，课程思政旨在引导学生树立正确的世界观、人生观、价值观，激发他们的社会责任感和历史使命感，从而为其全面发展奠定坚实的思想基础。

此外，人的全面发展理论还强调了个体发展的主动性和创造性。在课程思政的框架下，这要求教师尊重学生的主体地位，鼓励他们积极参与教学过程，通过讨论、探究等方式，培养他们的批判性思维和创新能力。同时，课程思政还应注重培养学生的团队合作精神和社交能力，使他们在集体活动中学会相互尊重、理解和支持，从而为其全面发展创造良好的社会环境。

二、课程文化发展理论

课程文化发展理论构成了课程思政的核心理论基础之一，该理论着重于课程作为文化传承与创新的关键媒介，研究如何通过课程的规划与执行，增进学生的文化素养与人文精神。在课程思政的背景下，课程文化发展理论不仅聚焦于课程内容的文化属性，更重视课程执行过程中的文化体验与文化创新。

课程文化发展理论视课程为文化传承与创新的关键途径。在课程思政的实践中，这表明教师需深入挖掘课程内的文化资源，运用讲授、讨论、实践等多种教学手段，引导学生深刻理解并体验中华优秀传统文化的精粹，以及革命文化与社会主义先进文化的核心价值。同时，教师亦应激励学生将所习得的文化知识融入日常生活，通过社会实践活动与志愿服务等，提升他们的文化自觉与文化自信。

此外，课程文化发展理论亦强调课程执行过程中的文化创新。在课程思政的框架内，这要求教师注重培育学生的创新思维与审美能力，激励他们结合个人经历与时代背景，对所学知识进行创新性的应用与表达。通过组织文化创作、文艺演出等活动，高等教育教师能够引导学生在实践中领略文化的魅力，激发他们的文化创造力与艺术想象力。

课程文化发展理论亦为课程思政提供了关于课程评价的新视角。在传统的课程评价体系中，往往过分强调知识掌握程度的评估，而忽略了对学生文化素养与人文精神的评价。在课程文化发展理论的指导下，课程思政应构建全面的评价体系，既关注学生的知识掌握情况，又重视他们的文化素养、人文精神与创新能力的提升。

三、社会存在决定社会意识理论

马克思主义关于社会历史发展的基本观点之一，即社会存在决定社会意识理论，构成了课程思政的核心理论基础。该理论主张，社会存在，包括社会的物质生活条件、生产方式及其形成的经济基础，是塑造社会意识——包括人们的思想观念、价值观念、道德规范等上层建筑——的根本决定因素。在课程思政的实践中，此理论指导我们通过教育引导学生正确认识社会存在，从而形成正确的社会意识。

首先，社会存在决定社会意识理论在教育内容的选取上得到体现。教师应依据社会发展的现实要求及学生的实际需求，挑选能够反映社会存在本质和规律的教学内容。例如，在阐释经济学原理时，教师可结合我国经济发展的实际情况，引导学生探究经济现象背后的社会因素，以助于他们构建正确的经济观念。

其次，社会存在决定社会意识理论要求教师在教学过程中重视培养学生的批判性思维和辩证分析能力。面对复杂多变的社会现象，学生应能运用马克思主义的立场、观点和方法，深入剖析社会存在的本质和规律，揭示社会现象背后的深层原因。这不仅有助于学生形成正确的社会意识，还能提升他们的社会适应性和问题解决能力。

再次，社会存在决定社会意识理论突出了教师的引导作用。在课程思政的实践中，教师不仅是知识的传递者，更是学生思想观念的塑造者。他们应通过言传身教、榜样示范等手段，引导学生确立正确的世界观、人生观、价值观，激发他们的社会责任感和历史使命感。同时，教师还应关注学生的心理健康和情感需求，为他们提供必要的心理支持和情感关怀。

最后，社会存在决定社会意识理论强调课程思政应与社会实践紧密结合。教师应鼓励学生积极参与社会实践和志愿服务等活动，通过亲身体验和感受社会存在，加深对社会现象的理解和认识。这不仅有助于学生形成正确的社会意识，还能提高他们的社会实践能力和综合素质。

第二节 课程思政的源起及内涵

一、课程思政的源起

2014年，上海市委与市政府联合颁布了《上海市教育综合改革方案（2014—2020年）》，旨在全国范围内率先开展教育综合改革的试点工作。在该方案中，"课程思政"的教育理念与设计首次被提出并付诸实践。

从理念提出的背景来看，"课程思政"的诞生源于中国社会经济的快速发展以及新时代对人才培养的更高要求。随着经济全球化和科技进步，传统的教育模式面临着学生思想多元化、价值观多样化的挑战。此时，如何通过教育体系中的各个环节，尤其是通过各类课程的隐性和显性教学，培养具备坚定理想信念、较高思想政治素养的新时代人才，成为亟须解决的问题。因此，教育工作者和政策制定者认识到，思想政治教育不能仅仅局限于思想政治理论课程，而应当深入融入所有学科的教学实践中，从而达到润物细无声的教育效果。

2017年，我国印发了《高校思想政治工作质量提升工程实施纲要》，明确了将"课程思政"理念全面推广的政策要求，该文件的发布标志着"课程思政"由理论探讨逐步走向具体实施的阶段，这一纲要不仅阐释了思想政治工作在高校教育中的重要地位，也为如何将思想政治元素融入不同学科课程提供了具体的指导意见。通过这样的顶层设计，思想政治教育不再是仅仅依赖于课堂讲授或专门课程，而是成为各门课程的内在组成部分，潜移默化地影响学生的思想、价值观和行为方式。

当前，对高校提出了明确要求，强调要推动教育教学改革，将思想政治教育融入专业教育，确保立德树人为根本任务得以实现。在这样的指导下，全国各地高校逐步开始实施课程思政改革，力求通过专业课程的教学内容、教学方式、教学评价等多方面的调整，达到思想政治教育与专业教育相融合的效果。

需要注意的是，课程思政的核心理念在于通过专业课程来实现思想政治教育的目标，它不再仅仅依赖于传统的思政课程，而是要求在每一门课程中都注重学生思想品德的培养，这种教育模式的最大特点是它强调“三全育人”的理念，即全员、全过程、全方位的育人体系，这意味着不仅是思政教师承担思想政治教育的责任，所有课程的教师都应当肩负起这一任务。每一门课程不仅要教授专业知识，还要通过学科内容、教学方式等，渗透社会主义核心价值观以及爱国主义、集体主义等重要思想，从而使学生在掌握专业技能的同时，树立正确的世界观、人生观、价值观。

从具体实施的角度来看，课程思政不仅是一个理念的提出，它需要从教学设计、教学实践、教学评价等多个层面进行深度的改革与创新。首先，在教学设计方面，课程思政要求教师在编写课程大纲、设计教学内容时，主动将思政元素融入其中。例如，理工科课程可以通过对科学技术发展史的介绍，增强学生对国家科技发展的自豪感和责任感；人文社科类课程则可以通过对社会问题的分析，引导学生树立正确的社会责任意识。其次，在教学实践方面，课程思政倡导教学方式的多样化。教师不仅可以通过课堂讲授传递思想政治内容，还可以通过案例分析、小组讨论、社会实践等方式，激发学生对现实问题的关注与思考。以讨论形式引导学生思考社会发展、国家责任以及自身角色，可以使思想政治教育更加生动具体，从而提升教育效果。

最后，在教学评价方面，课程思政要求重新审视传统的评价体系，既要关注学生的专业知识掌握情况，也要关注其思想政治素养的提升。这一评价方式的改革不仅涉及考试内容的调整，还要求在平时的教学过程中更加注重学生思想政治表现的引导与考核。例如，可以通过课程论文、项目设计等形式，考查学生在专业学习中是否体现了正确的价值导向。

二、课程思政的内涵

课程思政概念的提出，旨在实现跨学科与思想政治理论课程的协同进步，构建一种各学科与思想政治理论课程相互配合的教学模式。其核心目标在于将立德树人的教育理念深植于各学科之中，实现知识传授与素质教育的有机结合，从而全面提升学生的综合素质。该理念的形成，是基于我国特定的国情和青少年成长的实际需求，对于培育能够为人民服务、为社会发展贡献力量的复合型人才具有重要的推动作用。

当前，国家的发展和进步依赖于人民的团结与凝聚力，高校在开展知识教育的同时，应提升学生的思想政治觉悟。大学生群体作为国家未来的重要力量，其思想意愿与社会民心息息相关，因此社会和学校都应给予充分关注和引导。高校的课程思政建设正是旨在培养具备专业知识和社会责任感的人才，同时帮助学生树立正确的价值观，增强对未来生活的信心和向往。在道德教育的引领下，大学生能够更好地融入社会，并为国家和社会的发展贡献力量。通过学习，学生可以更加深入地理解国家的发展历程，从而以更高的热情和责任感投身于国家建设和民族复兴的伟大事业中。

国家的追求与人民群众的向往是一致的，它们并不是脱离生活的两个方面。在宏观层面，国家强调路线、方针、政策等；在微观层面，爱国、守法、勤奋、友善、科学等具体价值观则是每个人的日常行动指南。自课程思政理念提出以来，它因契合我国国情和教育实际需求受到了广泛的关注。在培养人才方面，课程思政具有前瞻性，各大高校也积极探索其实施方式。

然而，探索过程不可避免地遇到挑战，因为每个院校和专业的特点不同，要将专业知识与思想政治教育相结合并非易事。因此，这项工作要求在保持专业课教学效果的前提下，将思想政治教育融入其中，以提升学生的综合素养。

(一)课程思政的本质

1.培养全面发展的复合型人才

课程思政的核心任务在于培育具有全面素质的复合型人才。随着现代社会的演进，对于人才的需求已超越了单纯的专业技术范畴，转而更加重视那些能够在社会中发挥建设性作用、具备社会责任感和政治意识的综合型人才。因此，高等教育机构在传授专业知识的同时，必须坚持德育与智育并重的教育原则。

在传统教育模式中，思想政治教育往往被视为思政课程的专属任务，而专业课程则主要致力于学生技术技能和专业知识的培养。课程思政的提出，突破了这一传统界限，强调每一门课程都应承担起培养学生价值观和社会责任感的使命。课程思政的本质在于构建一个全方位的育人体系，通过各专业课程的实施，旨在使学生不仅掌握扎实的专业技能，而且形成正确的思想政治观念，具备对国家、社会和全球的正确认识以及积极贡献的能力。

2.思想政治教育与专业教育的有机融合

课程思政的核心在于实现思想政治教育与专业教育的有机整合。此过程表明，思想政治教育不应仅限于独立的政治理论课程，而应渗透至各学科课程的教学架构之中，成为课程内容不可或缺的组成部分。通过此策略，学生在掌握专业知识的过程中，得以在不知不觉中接受思想政治教育的熏陶，从而达成潜移默化的教育成效。例如，在工程学科课程中，教师可借助探讨科技伦理、国家科技发展战略等议题，激发学生对国家责任感的反思；在人文社会科学课程中，教师可引导学生通过分析社会现象，建立正确的社会责任感和价值判断。此类教学方法不仅有助于学生全面、深入地理解专业知识,亦能在无形中增进其思想政治意识。

3.构建全员、全过程、全方位的育人机制

课程思政的核心特征在于其构建了“全员育人、全过程育人、全方位育人”的教育机制。在此框架内,全员育人理念指出,思想政治教育并非仅限于思想政治理论课教师的职责范畴,而是成为每一位专业课程教师共同肩负的使命。这一理念要求所有教师在课程设计过程中,必须有意识地将思想政治教育内容融入教学之中,积极履行其育人的责任。

全过程育人理念强调,思想政治教育的实施不应仅限于课堂,而应贯穿于整个教学活动的始终。学生的思想政治素养的提升并非一蹴而就,而是需要在持续的教育过程中逐渐积累。因此,从课程规划、教学执行,到学生课后的反思与作业,教师均需有意识地引导学生在知识掌握的同时,增进其思想政治意识。

全方位育人理念则着重指出,思想政治教育的范围不应局限于课堂及课程内容本身,而应广泛渗透至学生日常生活的各个领域。通过校内外的实践活动、课外辅导以及社会服务等多元化途径,学生能够在现实生活中体验到国家和社会责任的重要性,从而形成更为深刻的思想政治认知。

4.为国家和社会培养有担当的建设者

从课程思政的本质审视,其终极目标在于培育具备担当精神和责任感的社会主义建设者和接班人。随着国家综合国力的增强及全球化趋势的深化,国家对具有全球视野、坚定信仰和高素质的复合型人才的需求日益增长,这为教育体系带来了新的挑战。

课程思政不仅要求学生掌握扎实的专业知识,更强调其应具备正确的政治觉悟、社会责任感以及对国家和社会的高度认同。这表明,课程思政的目的不仅限于提升学生的学术水平,更重要的是培养其在未来社会中发挥积极作用的能力,承担起建设国家和推动社会进步的重任。这一目标使得课程思政成为新时代人才培养的关键路径之一，也是实现立德树人根本任务的重要策略。

(二)课程思政的要素

1.课堂是课程思政主要渠道

在高等教育体系中，课堂作为课程思政的核心途径，其地位至关重要，成为思想政治教育全面融入各类课程的关键领域。课堂教学作为高等教育的主要渠道，不仅承担着知识传授的职责，还肩负着思想政治教育的重要使命。坚持将思想政治教育与课堂教学相结合，能够在各类专业课、基础课中渗透思政元素，形成全方位育人的格局。

(1)思政课堂。在高等教育体系中，思政课程扮演着关键角色，旨在提升学生对中国特色社会主义道路的理解，加强他们的政治意识和社会责任感。通过系统的理论学习，学生不仅掌握必要的知识，还树立了正确的价值观、人生观和世界观，为我国精神文明建设和社会发展贡献思想力量。

在现代社会的背景下，思政课程超越了传统课堂的界限，融入了多样化的实践教学活动，以加深学生的政治认识。例如，教师应结合中国的现实情况，引导学生探讨中国特色社会主义的发展方向。通过历史和现实的案例分析，学生能够认识到中国发展的历史必然性和社会选择的合理性，这为他们在将来的社会活动中确立正确的行为准则和社会责任感打下了坚实基础。

同时，思政课程还明确了其教育目标，它不仅要求学生吸收理论知识，更鼓励他们在日常生活中实践所学的价值观。课程引导学生主动筛选信息、保持政治敏锐性，坚定地支持党的领导和中国特色社会主义道路。在学习过程中，课程强调学生的独立思考和批判性分析，促使他们将知识转化为实际行动。学生不仅要遵守法律法规，还要在日常生活中成为维护集体利益、推动社会和谐的积极分子。

此外，思政课程的开展也需与校园集体生活紧密结合，以增强学生的团队精神和集体责任感。高校作为社会的缩影，学生在这里既是知识的求索者，也是社会集体的一部分。课程通过培养学生的集体意识，鼓励他们将个人利益服从于集体利益，为他们将来更好地融入社会集体做好准备。这种教育不仅提升了学生的个人素质，也增强了他们的社会适应能力，使他们在步入社会时能更主动地承担起社会责任。

(2)第二课堂。第二课堂在高等教育体系中扮演着至关重要的角色，作为与第一课堂理论教学相辅相成的实践教学方式，其作用不可或缺。该教学模式为学生提供了灵活多样的学习和实践机会，促进了理论知识向具体能力的转化。其教学的灵活性和机动性，使之成为高校课程思政建设中的关键环节和创新点。

与传统课堂教学模式不同，第二课堂不受固定教学大纲和严格时间限制的约束，教师可根据实际教育教学需求灵活调整教学内容、形式和进度。这种灵活性使得第二课堂能够迅速响应社会热点和学生需求，提供与现实紧密相连的教学内容。例如，在某些学科领域，第二课堂通过社会调研、志愿服务、实地考察等方式，使学生深入理解社会问题，培养其社会责任感和实践能力。这种学习方式不仅拓展了学生的知识视野，还为其提供了多元化的思维方法和问题解决能力。

第二课堂的思政功能体现在其能够将思政教育的基本要求融入学生的日常学习和生活实践中。通过第二课堂活动，学生不仅巩固了课堂理论知识，还在实践中内化了这些知识，实现了思政教育的“入脑入心”。例如，学校通过组织社会公益活动、志愿服务、社会实践等第二课堂活动，让学生在实际生活中体验和理解思政课程的价值理念。在这些实践活动中，学生不仅提升了综合素质，还逐步树立了正确的价值观和道德观。通过这种方式，第二课堂有效地实现了“知行合一”的教学目标，促进了学生从被动接受知识到主动实践道德的转变。

此外，第二课堂的建设为学生提供了更多个性化发展机会。在第一课堂中,学生往往受限于固定的课程安排和考核标准,而第二课堂则为学生提供了更为自由的学习空间。学生可根据个人兴趣爱好选择参与不同形式的活动,如创新创业、社会实践、文体活动等。这种个性化的学习模式不仅激发了学生的自主学习热情,还有助于他们发现自身潜力,培养多方面的能力。

值得注意的是,第二课堂的教学形式多样,平台众多,可充分利用现代信息技术和互联网资源,拓展教学的广度和深度。高校可采用线上线下相结合的方式,利用社会平台资源和信息技术手段,丰富第二课堂的教学内容。例如,利用线上学习平台、社交媒体、虚拟实验室等,学生可在课堂之外获取更多学习资源,并通过这些平台与他人互动交流。这种教学模式不仅提升了学生的学习效果,还进一步丰富了课程思政的教育内容。

2.教师是课程思政的领航者

在"课程思政"建设过程中,教师扮演着至关重要的领航者角色,作为课堂教学的首要负责人,承担着立德树人的崇高使命。教师不仅是知识的传递者,更是育人过程中的引领者。在推进"课程思政"建设的进程中,教师的素质、教学能力以及思想政治意识的高低,直接关系到学校的育人效果和"课程思政"实施的成效。因此,教师必须持续提升个人修养,将德育与智育有效融合,坚定培养社会主义合格建设者和接班人的信念。

作为课程思政的实践者,教师应始终将学生的全面发展置于首位,致力于教学,专注于此,深刻领会育人先于受教育的重要性。教师需加强理论基础,拓宽视野、创新思维,并严格自律,在道德修养和思想水平上成为典范。坚守师德,成为学生价值观的引导者和智慧的启迪者。教师不仅要传授专业知识,更应通过个人的人格魅力和思想力量,促进学生在思想政治领域的成长,实现以灵魂塑造灵魂。

在教学实践中,教师应将思政教育与课程内容相融合,使思想政治元素与专业知识自然结合,实现德育的潜移默化。教师应始终保持对国家意识形态教育的敏感性,坚定党的方针政策,坚守立德树人为根本任务。课程思政的核心目标在于维护国家意识形态安全,教师在这一过程中承担着不可替代的责任。全体高校教师都应具备较高的政治素养,这是课程思政建设的基石。教师通过不断学习、思考与实践,提升个人的思想觉悟,才能在教学中引导学生形成正确的价值观、历史观和社会责任感,最终实现课程思政的意识形态教育目标。

3.学生是课程思政成效的体现

学生作为检验课程思政建设成效的根本标准,其综合素养的培养是课程思政的终极目标。课程思政旨在培养学生正确认识世界的能力,并承担起时代赋予的历史使命。在课程思政的教育框架下,学生不仅能够形成清晰的世界观和价值观,而且能够运用辩证唯物主义和历史唯物主义的思维方法,科学地分析和解决生活中的问题。

课程思政的建设使学生能够培养出辩证思维和历史思维,从而洞察历史发展的脉络,理解当前中国面临的机遇与挑战。学生在知识层面获得提升的同时,思想和价值观方面也经历了深刻的教育。通过课程思政的教育,学生能够将所学知识应用于实践,将理想信念转化为具体行动,展现出新时代青年的责任感和使命感。此外,课程思政的成效还体现在学生思想情感层面的共鸣上。教师的引导与教学使学生能够体验到真善美的统一,思想与价值观得到显著提升。这种共鸣不仅限于课堂知识的传授,更深刻地体现在价值观的传递与情感的共振中。因此,课程思政要求思政元素与课堂教学的无缝融合,在传授知识的同时,也使学生在潜移默化中形成正确的道德认知和社会责任感。

为确保课程思政的成效,教师在设计教学内容时需避免“说教感”“突兀感”和“僵硬感”。思政教育的目标不仅是理论上的灌输,更是思想上的升华。学生只有在教学过程中感受到思政元素的自然渗透,才能真正将其内化为日常行为和思想方式。因此,课程思政的成功与否,最终要通过学生的思想变化、行动实践来验证。

课程思政通过有效的教学方法，培养学生的创新思维和社会责任感，使他们在面对社会生活时，能够以科学的思维方式和正确的价值观看待问题，从而在未来的社会生活中积极贡献力量。因此，学生作为课程思政的最终成效，是整个教育过程的核心关注点，体现了课程思政的现实意义和长远价值。

4.评价是课程思政提高的关键

课程思政的有效推进与实施，必须依托于科学合理的评价体系。作为课程思政建设的关键环节，评价体系旨在通过多维度的反馈与评估，确保思政教育的质量与效果。该体系不仅为教师的教学活动提供了方向性的指导，同时也为学校和教育管理者提供了决策依据，有助于及时发现并解决教学过程中的问题。因此，构建科学的评价体系对于课程思政的长期有效运行具有至关重要的意义。

(1)评价体系的构建必须基于明确的评价标准和量化指标。与传统课程评价不同，课程思政评价体系不仅关注学生的知识掌握情况，还须考察其思想觉悟、价值观念和行为表现等多方面。为此，众多高校依据课程思政的具体要求，制定了详尽的评价指标体系。这些指标涵盖了教师的教学内容、教学方法、学生的课堂表现、思政教育效果等多个维度，通过细化指标，能够更全面地评估课程思政的实施效果。例如，部分高校要求教师在教学过程中明确体现思政教育内容，并通过具体的教学案例和实践活动，评估学生对思政教育内容的理解和认同。这些量化指标的设定为课程思政的科学评估提供了客观依据。

(2)评价体系的实施需要多渠道的反馈和信息采集。为了全面了解学生对课程思政的接受情况，高校通常采取网上测评、调查问卷、教学信息员反馈等多种途径，收集学生对教师课程思政实施效果的反馈信息。网上测评是一种较为常见的方式，学生可以通过匿名的方式评价教师的教学效果，并对课程的内容设置、教学方法提出建议。这种反馈机制能够及时反映学生的真实感受，为教师改进教学提供了参考依据。

(3)调查问卷和教学信息员反馈也是评价体系的重要组成部分。通过这些方式,学校可以获得更多元化的反馈信息。例如,教学信息员作为学生和教师之间的桥梁,能够及时将学生的意见和建议反馈给教师,帮助其调整教学计划。教学信息员的反馈通常具有较高的准确性和时效性,能够在教学过程中对教师提供有力的支持。而学生座谈会等方式则能够通过面对面的交流,使得教师更直接地了解学生的需求和问题,从而在教学中作出相应的改进。

(4)学校还可以通过教学督导和教学管理员等内部评估机制,对教师的课程思政实施情况进行监督和评价。教学督导作为学校内部的一支重要队伍,能够通过听课、评课等方式,全面了解教师的课堂教学情况,并对其进行专业化的指导和评价。这种教学监测机制不仅能够保证课程思政的实施质量,还能够为教师的专业发展提供帮助。

(5)评价体系的另一个重要环节是课程思政落实专项检查。许多高校通过量化、细化的评价指标,对教师的教学文档,如课件、教学大纲等进行检查,以确保思政教育内容在教学设计中的有效融入。这种检查机制通过对课程设计的详细评估,可以及时发现教学中的薄弱环节,并督促教师在课程实施中作出相应的调整。此外,专项检查还可以通过学生座谈会等形式,直接了解学生对课程思政的反馈,进一步确保思政教育效果的落地。

第三节 课程思政的实施原则

一、课程思政实施的基本原则

人本原则作为课程思政实施的核心理念,强调以人为本,其思想渊源可追溯至《管子·霸言》及儒家文化的核心价值,彰显了社会对人本主义的普遍认同。在课程思政的语境下,人本原则不仅体现了对教育对象的重视,更强调了对教育过程的关注，反映了教育理念与实践的深度融合。该原则要求教师在教学活动中充分考虑学生的个体差异，尊重每位学生的独特性和主体性，以促进其个性化发展和自主成长。在人本原则的指导下，课程思政致力于构建更为人性化的教育体系，通过关注人的内在需求和发展潜能，推动学生全面素质的提升和道德修养的增进。

人本原则的贯彻实施，不仅凸显了学生在学习过程中的主体性，而且关注教师与学生之间的互动关系。该原则要求教师在教学过程中树立以学生为中心的教育理念，关注学生的情感、兴趣和需求，营造积极向上的学习环境和氛围，使学生在轻松愉悦的状态中掌握知识。在课程思政的实践中，教师的角色不仅是知识的传递者，更是学生成长过程中的引导者和支持者。通过激发学生的内在动力，促进其自主学习，课程思政在完成知识传授任务的同时，也实现了道德教育和思想引领的双重目标。

（一）人本原则的历史根基

在中国，人本原则具有悠久的历史渊源，尤其在孟子的哲学体系中得到了深刻的体现。孟子所倡导的“民为贵”理念，确立了人民在国家治理中的核心地位，凸显了人本主义的卓越价值与不可或缺性。在历史的长河中，中国文化内的人本思想经历了不断演进与丰富，最终构建出一个系统化且完备的理论体系。孟子的“民本”思想不仅彰显了对个体价值的尊重，也映射出对社会整体福祉的关怀，提出了“以人为本”的国家治理与行政原则。

在传统文化的浸润下，人本原则逐渐渗透至社会的各个层面，涵盖教育、政治、经济等多个领域。教育作为社会进步的关键支撑，必须坚守人本原则，注重每个个体的成长与进步。得益于历史的沉淀与文化的传承，人本原则在现代教育体系中的重要性日益凸显，成为课程思政实施的关键支撑。在这一进程中，教师应持续回顾并吸取传统文化中的智慧精华，将人本思想融入现代教育实践之中，为学生的全面发展营造有利环境。

(二)人本原则与教育理念的整合

秉持人本主义原则的教育实践,意味着将教师与学生作为教育活动的主体,实现教学资源、管理与思想指导的深度融合。教育的核心目的在于促进人的全面发展,而人本主义原则为此提供了关键的理论支撑与实践导向。在教学过程中,教师应充分调动自身的主观能动性,注重教学设计的科学性与合理性,确保教学过程中的人本主义理念得到切实贯彻。

在教育理念的融合过程中,教师应以学生为核心,关注其兴趣与需求,结合社会发展的趋势与时代背景,设计出符合学生个性化发展的教学内容与方法。课程思政的实施不仅应聚焦于知识的传递,更应关注学生的思想与情感成长。通过贯彻人本主义原则,课程思政能够实现思想政治教育与专业知识教育的深度融合,推动学生全面素质的提升。

教育理念的融合亦要求在教学管理中贯彻人本主义思想,通过科学的管理机制与人性化的服务体系,提升教育的整体质量。高等院校应构建以人本主义为核心的管理制度,重视对教师与学生的支持与引导,推动教育的持续优化与发展。通过优化教学管理,构建良好的教育生态,课程思政方能在实际操作中发挥更大的效能。

(三)人本原则的实施效果

实施人本原则,课程思政致力于帮助高等教育机构的学生构建正确的世界观、人生观、价值观,为其个人成长及国家发展奠定坚实基础。人本原则着重于对学生个体的尊重与关注,激励教师在教学活动中充分顾及学生的需求与特长,以达成个性化教育的目标。通过关注学生的思想情感,推动其价值观的塑造与发展,课程思政有效提升了学生的思想素质与道德水准。

在具体实践中,教师通过贯彻人本原则,能更有效地引导学生参与思想政治教育,增强其自主学习的能力。课程思政的目标超越了单纯的知识传授,更着重于学生思想道德的培育与提升。通过多样化的教学活动与实践,课程思政激发了学生的思维活力与创造力，促进了其在思考中成长，在实践中完善。

此外，课程思政通过实施人本原则，亦能为国家的可持续发展培育出一批具有社会责任感和创新精神的人才。学生在学习过程中树立的正确价值观与世界观，将为其未来的人生道路提供指导，同时也为国家的进步与发展注入持续动力。通过强调人本原则，课程思政不仅关注学生的个体发展，更重视培养其对社会、国家的责任感，为实现中华民族伟大复兴的中国梦贡献己力。

二、课程思政实施的求实原则

（一）课程思政实施中求实原则的内涵

在信息技术迅猛发展与社会变革的背景下，课程思政已成为高等教育中思想政治教育的关键组成部分。课程思政的核心目的在于塑造学生的世界观、人生观、价值观，其成效与针对性需通过求实原则得以彰显。该原则不仅要求课程思政内容与形式须与社会发展及民众实际紧密相连，更强调教育过程的真实性与实用性，以提升学生的学习兴趣与实践技能。

求真务实的教育理念是课程思政实施过程中不可或缺的基本原则。该理念要求教师在课程思政内容与教学方法上保持真实可信，强调对真实社会状况的深入分析与研究。坚持求真务实的教育理念，课程思政能更有效地回应社会需求与学生期待，推动学生全面成长。

首先，课程思政必须关注社会真实背景与问题。教师在设计课程时，应深入探究社会发展现状与趋势，掌握学生所处的社会环境，将这些因素融入课程内容。例如，在探讨社会问题时，教师可结合当前社会面临的实际问题，如环境污染、就业挑战等，引导学生进行深入思考。通过分析真实案例与数据，学生能更直观地理解社会问题的复杂性与多样性，从而增强其分析问题的能力。

其次,课程思政实施中的求真务实应重视教育评价的有效性。教师在开展课程思政时,应构建合理的评价体系,关注学生的学习过程与成果。通过定期的反馈与评价,教师能掌握学生在课程学习中的进展与问题,进而提供有针对性的指导与调整。此外,教师应鼓励学生对课程内容进行自我评价与反思,以提升他们的自我认知与批判性思维能力。通过这样的评价体系,课程思政能更有效地促进学生的全面发展与成长。

(二)课程思政实施中求实原则的机制

1.利用求实原则引领高校课程思政创新

在当前时代背景下,课程思政的实施已成为高等教育的核心任务,而求实原则的引入则为课程思政的创新提供了坚实的理论基础和实践指导。求实原则强调从实际出发,关注真实情况,依据真实数据进行决策和评估,这种务实的态度能够有效推动课程思政的创新实践。

(1)求实原则促使高等教育机构在课程思政的设计和实施过程中,关注学生的真实需求和思想状况。通过深入调研和分析,了解学生在思想政治教育中的实际困惑与期待,能够使课程思政更加贴近学生的生活和学习实际。这不仅有助于课程内容的优化,更能增强课程的吸引力和感染力。例如,通过调研发现,一些课程的理论与实际脱节,学生在学习过程中感到困惑。针对这一问题,教师可以调整教学内容,将理论知识与社会实际紧密结合,通过案例分析、现场教学等方式增强课程的实用性。

(2)求实原则要求高等教育机构在课程思政中实施科学的评价机制。以数据和事实为依据的评价体系能够客观反映课程思政的实施效果,为后续的改进提供有力支持。在这一过程中,教师应当建立完善的反馈机制,定期收集学生的意见和建议,基于真实的数据进行分析和反思,从而不断完善课程思政的实施策略。此外,数据分析不仅限于课程反馈,还应包括对学生综合素养的评估，以便全面了解课程思政的成效。

(3)求实原则能够激励教师在教学过程中追求创新。在课程思政的教学实践中，教师应当基于真实的教学环境和教学对象，探索符合实际的教学方法与手段。例如，通过结合新媒体技术，利用网络平台进行互动教学，可以让学生更积极地参与课程思政的学习，从而提高他们的参与感和认同感。这种教学创新不仅能提高课程的活跃度，也能够有效提升学生的思维能力和创新能力，进一步推动课程思政的深入实施。

(4)求实原则的实施还有助于构建开放的课程思政生态系统。高等教育机构应积极推动多方参与，包括社会力量、企业及社区等，形成合力，共同推进课程思政的创新。通过多元主体的参与，可以为课程思政提供更为丰富的视角和资源，使其更加全面和系统。在这一过程中，求实原则将引导各方真实反映各自的需求与资源，从而实现资源的最优配置，促进课程思政的可持续发展。

2.利用求实原则营造高校良好学术氛围

学术氛围构成了高等教育质量的核心要素，而求实原则的实施对于营造积极的学术环境具有显著的促进作用，为高等教育机构的发展提供了坚实的支持。求实原则，其核心在于追求真理与实事求是，这一理念在高等教育的学术领域中占据着至关重要的地位。它不仅能够激发学术创新，还能够推动学术研究的深入进行。

(1)求实原则对于构建严谨的学术态度具有积极作用。在求实原则的引领下，高等教育机构应当提倡实事求是的学术精神，激励师生以科学的方法论对待研究问题，追求学术成果的真实性。这种严谨的学术态度有助于有效遏制学术不端行为，提升学术研究的品质。在此过程中，高等教育机构应强化学术诚信教育，通过案例分析与讨论，引导师生确立正确的学术价值观，强调数据真实性的必要性，从而营造一个诚实守信的学术环境。

(2)求实原则强调了基于数据的学术研究方法的重要性。在学术研究的实践中，研究者应聚焦于实际数据和真实案例，通过实证研究手段获得可靠的结论。高等教育机构可以通过建立实验室、研究中心等研究平台，鼓励教师和学生进行实地调研和实验研究，以增强研究的真实性和科学性。这不仅能够提高研究的学术水准，也为学生提供了实践的机会，使其在实际研究中得到锻炼，提升其分析和解决问题的能力。

(3)求实原则对于促进学术交流与合作具有重要意义。高质量的学术交流是学术氛围的重要标志，而求实原则的贯彻为学术交流奠定了坚实的基础。高等教育机构应鼓励师生积极参与各类学术会议、论坛等，通过展示真实的研究成果，促进学术观点的交流与碰撞。在此过程中，高等教育机构应提供必要的支持和资源，确保学术交流的顺畅进行。此外，跨学科的学术合作也是求实原则的重要体现，鼓励不同学科的研究者共同探讨问题，有助于产生新的研究视角和思路，从而丰富学术成果。

(4)求实原则能够增强师生的学术自信心。在真实的学术环境中，师生能够在实践中不断积累经验，增强对自己学术能力的认同感和自信心。高等教育机构应鼓励教师和学生在真实的学术氛围中积极发声，通过学术讲座、研讨会等形式，分享自己的研究成果和经验，增强师生对学术研究的参与感和归属感。这种积极的学术氛围不仅能够激发师生的创造力，还能够促进学术文化的形成，推动高等教育机构的持续发展。

3.利用求实原则指导高校“全员育人”

课程思政作为新时代高等教育的核心理念，强调将思想政治教育融入各学科及教育全领域，构建“全员育人”的教育模式。在此过程中，求实原则的运用至关重要，其不仅为高校思想政治教育提供了科学的指导思想，也为全体教职工的育人意识和校园文化建设奠定了坚实基础。

(1)完善思想政治教育的工作制度。高校应秉持实事求是的原则，进一步完善思想政治教育的工作制度，确保求实原则贯穿于思想政治教育的教学与日常工作中。在实施课程思政的过程中，高校需对现行教育体系和管理制度进行全面审视，以确保思想政治教育能有效渗透至各学科和专业。在此过程中，高校应明确思想政治教育的目标和任务，并根据实际情况制定相应的工作制度。具体而言，高校应建立健全课程思政相关政策，制定明确的实施细则，确保每位教职工均能明确其在全员育人中的职责和任务。同时，高校应定期对相关工作制度进行评估与修订，根据实际反馈和数据，及时调整工作策略和实施细则，以提升思想政治教育的有效性。

高校在推动课程思政实施的过程中，要确保思想政治教育工作的开展是真实有效的，鼓励教职工真实地反映学生的思想状况和教育需求。通过开展问卷调查、座谈会等方式，收集师生对思想政治教育的意见和建议，从而实现制度的动态调整与优化。

(2)提升全体教职工的育人意识。高校的思想政治教育工作应依赖全体教职工，而不能仅限于思想政治理论课教师或专业课教师。要想提升高校全体教职工的育人意识，必须以实事求是为原则，充分考虑高校教职工的人群特点。值得注意的是，高校需深入调研，了解全体教职工的思想现状和育人意识，以便针对性地开展培训和宣传工作。

在提升教职工育人意识的过程中，高校可选择合适的载体，利用现代化科技手段提升教职工的育人意识。例如，可通过网络平台开展专题讲座、线上培训课程等，帮助教职工掌握课程思政的相关知识和技能。此外，高校还可利用校园内的宣传栏、电子屏幕等媒介，定期发布关于课程思政的相关信息，增强教职工的参与感和责任感。另外，高校还应加强对全校教职工思想态势的调研，通过对他们思想现状的准确把握，有针对性地提高他们的育人意识。通过建立调研机制，定期收集和分析教职工的思想状况，了解他们对课程思政的理解与认同程度，从而为后续的培训和宣传提供数据支持。此外，高校还可设立专门的工作小组，负责对教职工的育人意识进行评估与反馈，以促进持续改进。

(3)进行校园文化建设。在求实原则的指导下进行高校校园文化建设，是实现“全员育人”目标的重要环节。高校应以求实原则提升校园物质文化水平，改善校园形象与风貌，营造和谐的校园文化氛围，使学生在潜移默化中接受文化教育。高校应通过合理的资源配置，改善校园基础设施，提升校园环境。例如，建设现代化的教学楼、图书馆、实验室等，以满足学生的学习需求。此外，校园内应定期举办文化活动，如读书分享会、艺术展览等，鼓励学生参与其中，从而增强他们的文化素养和人文关怀。

高校还应以求实原则提升校园精神文化水平，定期开展校园实践活动。通过组织志愿服务、社会实践等活动，增强学生的社会责任感和集体主义精神。此外，高校还应重视校园文化活动的多样性和包容性，鼓励学生表达个人观点和思想，培养他们的批判性思维和创造力。

三、课程思政实施的心理相容原则

心理相容性是群体特性的一种表现形式，其定义为群体成员间因理想、信念、观点的统一而形成的和谐心理交往状态，反映了人际关系的良好性在心理层面的体现。在课程思政的实施过程中，心理相容性原则的确立尤为关键。该原则强调个体间的理解与支持，旨在构建一个有利于教育互动的环境。在该原则的指导下，教育工作者需充分认识到个体差异、相互依存关系以及心理相容性的重要性，以优化思想政治教育的实施效果。

首先，个体差异构成了心理相容性的基础。每个人作为独立个体，其能力、思维方式、兴趣、性格和气质等方面因社会环境、个人经历和认知水平的差异而表现出显著的个体性。这些差异不仅体现在学生的学习成绩和学习方式上，也反映在他们对思想政治教育内容的接受度和反应上。在进行课程思政时，教师必须尊重和理解学生的个体差异，根据学生的特点设计个性化的教学方案，以增强教育的针对性和有效性。教师应认识到，单一的教育模式无法满足所有学生的需求，只有通过了解和尊重学生的多样性，才能构建一个更具包容性的教育环境。

其次，个体间的相互依存关系是实现心理相容性的关键。人际关系是社会生活的重要组成部分，个体间存在相互联系与依赖的关系。心理相容性要求教师与学生之间能够实现有效的沟通与理解，承认彼此的差异，并在此基础上建立相互了解和信任与支持的关系。只有在这种良好的相互依存关系中，个体才能感受到来自他人的支持与理解，从而更积极地参与到思想政治教育中来。这种相互理解不仅能够促进学生对教育内容的认同，也能够提升教师在教学过程中的信心与动力。

再次，心理相容性的建立能够激发个体的主观能动性，提高其活力与创造性。当教育主体与教育客体之间存在良好的心理相容状态时，学生往往能够以更积极的心态面对学习和生活中的挑战。教师的支持与理解能够帮助学生克服困难，增强其自信心，并激励他们充分发挥自身潜力，实现自我价值。在课程思政的背景下，教师的角色不仅是知识的传授者，更是学生心灵成长的引导者。他们应当在教学过程中注重建立与学生之间的情感连接，以此来提高课堂的吸引力和教育的实效性。

值得注意的是，心理相容性的建立并非一蹴而就，其过程受到多种因素的影响。例如，教师的偏见或生硬态度可能导致学生产生抵触情绪，进而形成心理屏障，这种屏障不仅会妨碍教师与学生之间的有效沟通，还可能降低学生对思想政治教育的参与度和积极性。同时，教育对象的怀疑与不理解也可能阻碍思政教育的顺利开展。为了克服这些障碍，教师需要培养开放的心态，积极倾听学生的声音，并在课程思政过程中体现出对学生的关怀与支持。

第四节 课程思政的价值

课程思政理念的提出，旨在应对和强化高等教育机构在思想政治教育方面的迫切需求。该理念对于履行教育者在教书育人方面的首要责任，确保全面、全程、全方位的育人目标得以实现，发挥着关键性的促进作用。此外，它对于提升高校思想政治教育的整体水平与质量具有显著的正面影响。深入理解课程思政的内涵定位、以育人为本的导向以及问题导向，系统性地规划课程思政的构建路径，对于高等教育机构坚持社会主义教育方针，以及培养德才兼备、全面发展的高素质人才，具有重要的现实意义。

一、课程思政是新思想政治教育观的重要体现

课程思政作为新时代思想政治教育观的重要体现，体现了当代德育实践中的创新举措。它突破了传统思想政治教育仅限于理论课程的局限，将思想政治教育融入各学科知识传授过程中，从而拓展了德育的广度与深度。

首先，课程思政的实施遵循间接性德育的方法，强调思想政治教育应渗透至学校各类学科与日常生活中，而非仅依赖单一的直接说教式手段。通过此方法，德育在日常教学活动中变得更为自然和隐性。教师不仅传授知识，还通过课程内容设计、课堂互动等方式，引导学生内化思想政治教育的核心价值观。该教育模式的核心在于，教师能够在各门课程的教学过程中，将德育无缝地融入知识传授之中，使学生在潜移默化中接受思想引导，塑造积极的思想品德。

其次，课程思政的最大特色之一在于实现了知识与思想政治教育的有机融合，满足了中国特色社会主义高校人才培养的需求。在传统教育模式中，知识与思想政治教育常被视为两个独立的领域，思想政治教育内容通常局限于特定的政治理论课程。然而，课程思政突破了这一分离，将各学科知识与思想政治教育紧密结合，形成了新的育人模式。通过课程内容的融合设计，教师在传授知识的同时，将思想政治教育的核心内容嵌入其中。这种融合使学生不仅掌握学科知识，还能通过学科学习过程，深化对中国特色社会主义核心价值观的理解与认同，真正实现“立德树人”的教育目标。

再次，课程思政的实施推动了思想政治教育在多学科领域的融入。不

同学科的知识、理论与方法通过课程思政的实施，成为思想政治教育的重要载体。理工科、文科、艺术类等不同学科在各自的教学过程中，都能够通过课程思政的渗透，增强教育内容的多样性和科学性。例如，理工科课程在教授科学知识时，可以结合国家科技创新战略，培养学生的家国情怀与社会责任感；文科课程则可以通过文学、历史等内容，引导学生形成正确的世界观、人生观、价值观。这种多学科的思想政治教育方式，不仅拓展了思想政治教育的内容与形式，还使思想政治教育更加多元化和立体化，进一步增强了教育的实效性和科学性。

最后，课程思政的实施扩展了思想政治教育的体系内涵与外延，使思想政治教育不再局限于理论课程，而是涵盖了所有课程的教学过程。这种扩展既提升了思想政治教育的广度，也增强了其吸引力与效果。课程思政通过在每门课程中融入德育内容，使思想政治教育不再是学生被动接受的单一灌输过程，而是一个贯穿整个学习生活的长期教育过程。它改变了传统思想政治教育以理论灌输为主的单向度模式，使学生在学习不同学科知识的同时，也能够逐步形成积极的价值观和社会责任感。此外，课程思政的广泛渗透使思想政治教育更加贴近学生的日常学习与生活，能够通过多样化的教学方式增强学生的兴趣与参与感，从而提升教育效果。

二、课程思政能明确坚持育人为本的导向

课程思政作为高等教育改革的关键环节，其核心价值体现在对“育人为本”这一教育根本任务的坚持与深化。长期以来，教育理论界普遍认为，教育的首要任务不仅是传授知识与技能，更重要的是通过教育过程塑造人的思想品德、价值观念以及健全的人格。而课程思政的核心思想，正是通过将思想政治教育与专业教育有机融合，将育人贯穿于知识教育的全过程，确保学生在知识、能力和品德各方面均衡发展。

首先，课程思政明确了“育人为本”在教育体系中的优先性，这种优先性

反映了课程思政的核心理念，即通过教学内容与方式的革新，将育人作为教育的根本目的。传统的教育模式往往侧重于知识传授，学生被视为知识的接收者和掌握者，而忽视了他们作为个体的全面发展需求。然而，随着社会对高素质复合型人才需求的增加，教育理念发生了根本性的转变，即从“知识传授为中心”向“育人为中心”过渡。这一转变并不是对知识传授功能的削弱，而是对其内涵的扩展。知识不再是教育的最终目的，而是实现育人的手段之一。课程思政通过多维度、多层次的课程设计，确保学生在获取专业知识的同时，能够接受思想道德教育，发展健全人格。

值得注意的是，“育人为本”的理念并非局限于某些特定课程，而是贯穿于整个教育体系中。无论是人文学科还是理工科专业，课程思政都能通过有机融合思想政治教育与专业知识传授，实现全面育人的目标。例如，理工科教师可以通过设置技术伦理、社会责任等议题，帮助学生在学习专业知识的同时，思考技术应用的社会影响，从而培养学生的批判性思维能力和社会责任感。这种课程设计不仅使专业教育更具深度，也通过润物无声的方式传递了育人的价值观。

其次，课程思政能有效促进学生的思想道德与专业知识的统一发展。在传统的教育体系中，专业知识的传授与学生的思想道德培养往往是分离的。思想政治教育通常被单独设置为课程，缺乏与专业教育的深度融合。这种割裂导致了学生在专业领域可能具备较强的技术能力，但在思想道德素养、社会责任感等方面却有所欠缺。课程思政的核心价值就在于打破这种壁垒，通过将思想政治教育渗透于专业课程的教学过程中，促进学生在思想品德与专业素养上的同步提升。这种教育模式强调教育的整体性与系统性，倡导通过“育人为本”的导向，实现对学生全方位的培养与塑造。例如，在经济类课程中，教师可以引导学生讨论全球化带来的公平与正义问题，通过剖析经济现象背后的社会伦理问题，帮助学生在学习专业知识的同时，提升其社会责任感与道德判断力。这样的课程设计不仅丰富了课程内容，也通过理论与实践相结合，增强了学生对知识的掌握与应用能力，使思想政治教育不再是抽象的理论灌输，而是融入具体的现实情境，真正实现了知识与道德教育的统一。

再次，课程思政的“育人为本”导向强调以学生为中心，关注学生的个体需求与发展潜力。不同于传统的“灌输式”教学模式，课程思政更加注重学生在教育过程中的主体地位，强调互动性与参与性。教师在课程思政的实践中，需要充分尊重学生的个体差异，了解他们的学习需求与心理特点，进而通过创新的教学方式激发学生的学习兴趣和主动性。这一导向的核心在于让学生成为教育过程中的主动参与者，而不仅仅是被动的知识接收者。通过互动式教学、情境教学等方式，课程思政不仅提升了课堂的参与度，也帮助学生更好地将理论知识与现实生活相结合，达到“学以致用”的教育目标。例如，在医学院校的教学中，教师可以通过讨论医患关系、医学伦理等实际案例，引导学生思考如何在未来职业生涯中平衡技术应用与人道主义关怀，培养学生的社会责任感与职业道德意识。

最后，课程思政通过改革课程评价体系，强化了“育人为本”导向的实施效果。传统的课程评价体系往往以知识掌握程度为主要评价标准，而忽视了学生在思想道德素质、创新能力等方面的发展。课程思政则通过构建多元化的评价体系，促进学生在多方面的均衡发展。这种评价体系不仅考查学生的学术能力，还重视他们在社会责任感、团队合作、创新思维等方面的综合素质发展。例如，在考核中，教师可以通过设立关于专业领域中社会责任与伦理问题的作业要求，鼓励学生结合实际案例撰写分析报告，从而考察他们在道德判断与社会思考方面的能力。通过这种评价体系的革新，课程思政不仅保证了知识传授的质量，还通过引导学生在学习中思考社会问题、培养道德素养，实现了“育人为本”的最终目标。这种多元化的评价体系强调了学生综合素质的培养，避免了单一化的知识评估模式，为高等教育培养全面发展的人才提供了有力支持。

三、课程思政强调坚持问题导向

课程思政的核心价值之一在于其倡导的“问题导向”教学理念。该理念的核心要义在于,通过引导学生解决现实问题,将思想政治教育内容与学生的实际生活、社会现象以及未来职业紧密联系,从而提升教学的实效性和针对性。问题导向不仅是课程思政教学的具体策略,更是实现育人目标的关键路径。

第一,课程思政强调问题导向,引导学生思考并解决实际社会问题,使思政教育与现实生活紧密相连。传统的思想政治教育常因脱离实际、理论空洞而难以让学生将课堂所学与现实生活中的问题相结合。课程思政通过“问题导向”的设计,将专业知识学习与现实中的社会、政治、经济问题相结合,促使学生在解决实际问题的过程中,形成正确的价值观与社会责任感。例如,在法律课程中,教师可设计关于环境保护、劳动权益等社会热点问题的案例,引导学生讨论法律的社会功能与道德责任,帮助学生在学习法律知识的同时,理解法律的社会价值与道德要求。

第二,问题导向的教学模式能够有效激发学生的自主学习与批判性思维能力。与传统的灌输式教学相比,问题导向的教学更强调学生的主体性与参与性,鼓励学生通过自主探索、合作讨论等方式,发现并解决问题。这种教学方式不仅能够提升学生的学习兴趣与参与度,还能帮助学生培养批判性思维与创新能力。例如,在管理学课程中,教师可引导学生分析某一管理问题的不同解决方案,鼓励学生通过团队合作、数据分析等方式提出自己的见解,从而在解决具体问题的过程中提升其综合能力。

第三,课程思政通过问题导向的教学策略,实现了思想政治教育与专业教育的有机融合。在传统的教育模式下,思想政治教育与专业课程往往是分离的,学生在学习专业课程时难以将其与思想政治教育的内容结合起来。课程思政通过问题导向的方式,将思想政治教育渗透于专业知识的学习过程中，确保学生在学习专业知识的同时，能够深刻理解专业知识与社会责任、伦理道德之间的关系。例如，在医学课程中，教师可引导学生讨论医患关系、医学伦理等问题，使学生在学习医学知识的同时，培养职业道德与人道主义精神，从而实现思想政治教育与专业教育的同步推进。

第四，问题导向的教学策略还能够提升课程的实效性与针对性，增强教学的实践意义。通过设计具体的问题情境，教师可以根据不同学科、不同专业的特点，有针对性地选择教学内容与教学方法，使课程思政的实施更加贴近学生的学习需求与职业发展。例如，在工程类课程中，教师可通过设计与工程实践相关的问题情境，如能源危机、环境污染等问题，促使学生在解决实际问题的过程中，理解工程技术的社会影响与责任，从而提升课程思政的实效性。

第五，问题导向的教学模式能够有效提升学生的社会责任感与实践能力。通过引导学生思考并解决社会热点问题，课程思政能够帮助学生在学习专业知识的过程中，树立正确的价值观与社会责任感。例如，在经济学课程中，教师可通过设计关于经济不平等、贫困问题等问题的讨论，引导学生分析经济问题背后的社会因素，从而在学习经济学知识的同时，培养学生的社会责任感与道德意识。

第五节 课程思政建设的解读

一、课程思政建设的要点分析

（一）把握课程思政建设的基础

课程思政建设的核心在于课程本身。因此，遵循课程建设的内在规律，加强课程建设的管理，是课程思政建设的根基。

首先，课程思政建设的核心在于思政教育。缺乏有效的思政教育功能，课程教学将失去其核心价值,导致教学目标的迷失,进而引发知识传授、能力培养与价值引领之间的脱节乃至对立。

其次,课程思政建设的关键在于教师。教师作为教育活动的主体,承担着教书育人的责任,同时也是课堂教学的首要负责人。教师的个人思想品德、学术水平、个人魅力和专业素质,都在无形中对大学生的思想和行为产生深远的影响。

再次,课程思政建设的重心在于院系层面。课程思政教育教学改革不仅局限于特定专业领域,它要求教师及时更新教育理念,不断优化教学内容,创新教学方法。这为高校教育教学改革的布局和教学活动的组织带来了新的挑战。高校需构建一个上下联动、多方参与的运行机制,特别是在院系作为实体的制度改革背景下,院系应积极发挥其积极性和主动性,打造一系列具有思政特色的精品课程。

最后,课程思政建设的成效最终体现在学生身上。学校所有教育教学活动的终极目标在于培养出更优秀的人才。因此,课程思政改革的成效必须以学生的成长和成才作为最终的评价标准。

（二）打破课程、学段和教学模式的三重壁垒

课程思政理念作为贯穿于大、中、小学教育体系的指导原则,要求在各个学科和教育阶段中得以贯彻实施,强调教育内容的本土化适配。高等教育作为专业性教育的典型代表,其课程思政的实施不仅需凸显思想政治理论课程对其他学科课程的指导作用,还应关注思想政治理论课程与各专业教育在育人方面的协同效应,以形成教育合力。这表明,课程思政体系的构建必须跨越学科界限,特别是要消除人文科学与自然科学之间的隔阂,促进跨学科知识与人的互动及与生活的融合。此外,课程思政内容的定位应根据具体教育环境进行调整,例如在应用型高校中强调职业精神,在研究型高校中强调创新意识。同时,课程思政应与学校的传统、校训以及革

命历史相结合,确保教育活动符合教学与育人的内在规律,从而提升其亲和力和感染力。

(三)避免思想政治理论课的通识化

在审视高等教育课程体系时,可以将其主要划分为思想政治理论课程、综合素养课程以及专业课程三大类。这三类课程在承担不同的教育任务的同时,彼此之间存在着密切的联系与相互支撑的关系。高等教育中的通识教育与思想政治教育均以促进大学生全面发展为根本教育目标,均非以“应用”为导向,专注于传授专业知识与技能。然而,两者在教育侧重点上存在差异:通识教育课程更注重文化素质教育,减少意识形态教育的比重;而思想政治教育则更侧重于德育教育,并具有明确的政治立场和教学制度安排。因此,在推进课程思政改革的过程中,应避免将思想政治理论课程通识化。思想政治理论课程的教学应当紧密围绕课程教学大纲,紧密结合教育实践与育人目标的需求进行。同时,高校的思想政治理论课程应与通识教育功能形成互补,共同致力于培养具有健全人格的公民,以塑造大学生的综合素质。高等教育中的思想政治教育亦可借鉴通识教育中灵活多样的教学方法,例如将经典阅读与案例分析相结合,发挥教师的主导作用与学生自我学习的协同效应,同时坚持正确的价值导向,确保通识教育课程的健康持续发展。

(四)因校制宜,课程思政理念实施要区分重点

每门课程均具有其独特的属性和特点,各类教育机构亦展现出各自的教育特色。在实施课程思政理念的过程中,必须根据课程性质和教育机构类型进行差异化处理,明确教育重点。针对不同专业领域,课程思政的实施载体和重点亦应有所区别。例如,在理工科课程中,更应重视技术知识的掌握与应用,其教学目标旨在促进技术研究与实践。理工科教师在传授专业知识的同时,应发挥思政教育的作用,但这并不意味着要改变专业课程的本

质属性。并非所有课程都需要全面、系统地融入德育教育，亦非每堂课都需机械地安排思政教育内容。关键在于保持学科专业性质的稳定性和专业课程的本位，同时深入挖掘并发挥专业课程的德育功能。鼓励团队专业教师开设学科通识课程，打破专业课程、基础课程与通识课程之间的界限，使学生能够领悟到专业科学的真理、善良与美好。针对工学人才培养模式，课程思政体系的构建应与我国改革开放和行业发展的特点相结合，满足学生专业发展所需的道德规范和职业操守。具体而言，首先应着力培养工科学生的家国情怀，使其认识到社会主义现代化建设与所在行业发展的相互促进关系；其次，应结合行业道德规范和职业精神，开展具有针对性的课程思政教育。

二、课程思政建设的具体内容

（一）政治引导

政治引导作为高等教育课程思政建设的核心要素，其目的在于引导学生正确理解国家政治关系及问题，确立正确的政治立场和观念，以确保我国意识形态安全。在这一关键领域，政治理论教育发挥着至关重要的作用。

1.政治理论教育

政治理论教育构成了高校课程思政建设的基石与核心，其核心宗旨在于通过系统化的理论学习，促进学生深入领会并掌握马克思主义及其在中国的最新理论成果，尤其是习近平新时代中国特色社会主义思想。该思想体系作为马克思主义与中国具体实际相结合的最新成果，不仅体现了对习近平新时代中国特色社会主义实践的科学总结，而且实现了理论上的提升。

（1）深化对习近平新时代中国特色社会主义思想的学习。作为马克思主义中国化的最新理论成果，习近平新时代中国特色社会主义思想为新时代中国的发展提供了明确方向。高校课程思政建设应将此思想全面融入教学过程，通过课堂教学、专题研讨、社会实践等多种途径，引导学生全面理解其核心要义、精神实质和实践要求，从而增强对党的创新理论的政治认同、思想认同和情感认同。

(2)重视国家政治动态与政策导向的教育。政治理论教育不仅应注重理论知识的传授，还应密切关注国家政治动态和政策导向，引导学生掌握国家重大方针政策、重要会议精神和重大决策部署，提升他们的政治敏锐性和鉴别力，确保学生能在复杂多变的政治环境中保持清晰的判断力，坚定其政治立场。

(3)培育学生的政治参与意识与能力。政治理论教育的终极目标在于培养学生的政治参与意识与能力。通过组织模拟人大、政协提案撰写、社会调研等实践活动，使学生在实际操作中学习如何参与政治生活、表达政治诉求，进而提升其政治素养和公民责任感。

2.政治认同教育

在高等教育体系中，政治认同教育对于课程思政建设具有至关重要的作用。该教育旨在培养学生对国家政治制度、政治道路、政治理论以及政治领导核心的深刻认同和坚定支持，是构建学生对国家政治体系归属感和责任感的关键环节。其目的在于激发学生自觉维护国家政治稳定与发展的内在动力。

(1)深化对国家政治制度的认同。政治制度作为国家稳定与发展的基础，其认同教育的核心在于引导学生深入理解我国社会主义政治制度的本质特征及其优势。这包括但不限于人民代表大会制度、中国共产党领导的多党合作和政治协商制度、民族区域自治制度以及基层群众自治制度等。通过对比分析不同政治制度的优劣，使学生深刻认识到我国政治制度的合理性和先进性，从而产生自发的认同和拥护。

(2)强化对国家政治道路的认同。中国政治道路是在长期的革命、建设和改革实践中形成的，它与中国的国情和人民利益紧密相连。政治认同教育需着重阐述中国政治道路的历史渊源、现实基础及其未来发展方向，使学生理解为何中国必须选择此道路，以及此道路为国家和人民带来的积极变化。通过历史与现实的对比，增强学生的道路自信和对国家政治道路的深厚感情。

(3)提升对政治理论的认同。政治理论作为指导国家政治实践的理论基础，其认同教育需深入阐释马克思主义及其中国化理论成果的科学性和真理性，特别是习近平新时代中国特色社会主义思想的时代价值和实践意义。通过系统学习，使学生认识到这些理论对于国家发展和民族复兴的重要性，从而自觉接受并积极传播这些理论。

(4)增强对政治领导核心的认同。中国共产党作为中国特色社会主义事业的领导核心，其认同教育需着重讲述党的历史贡献、执政理念和领导能力，使学生深刻认识到党在国家政治生活中的核心地位和作用。通过了解党的光辉历程和伟大成就，增强学生对党的信任和拥护，形成坚定的政治信仰。

3. 家国情怀教育

家国情怀教育的核心目的在于通过构建系统的课程体系与开展形式多样的实践活动，使学生深入理解国家与个体之间的内在联系，进而培育其对国家、民族及文化的深厚情感与高度认同。该教育过程不仅重视知识的传递，更强调情感的共鸣与价值观念的塑造。

(1)课程体系中融入家国情怀元素。在高等教育机构，特别是人文社会科学领域，课程内容应深入挖掘并融入家国情怀的相关元素。例如，在历史学科中，通过阐述国家兴衰历程及民族英雄的壮举，激发学生的爱国情感；在文学领域，通过剖析经典文学作品中所蕴含的家国情怀，培养学生的文化自觉与民族自豪感。此外，理工科课程亦可结合其专业特色，探讨科技进步与国家强盛之间的内在联系，从而增强学生的使命感与责任感。

(2)实践活动加强家国情怀的培育。通过组织学生参与社会实践、志愿服务等，让学生在亲身经历中体会国家的发展成就，从而增强对国家和社会的认同感与归属感。通过参观红色教育基地、参与乡村振兴项目等活动，使学生深入了解国情民情，将个人理想与国家发展紧密结合，形成“天下兴亡，匹夫有责”的责任感。

(3)校园文化环境营造家国情怀氛围。高等教育机构应充分利用校园文化平台，营造浓郁的家国情怀氛围。通过举办主题讲座、展览、文艺演出等多种形式的活动，弘扬主旋律，传播正能量，使学生在潜移默化中接受家国情怀的熏陶。同时，鼓励师生创作反映家国情怀的优秀作品，如诗歌、散文、歌曲等，丰富校园文化内涵，提升师生的精神境界。

(4)教师队伍发挥示范引领作用。高等教育机构的思想政治教育教师和专业课教师应自觉承担起家国情怀教育的职责。他们不仅要在课堂上讲授相关知识，更应以自身的高尚品德和爱国情怀影响学生，成为学生成长道路上的指导者和榜样。通过言传身教，引导学生树立正确的世界观、人生观、价值观，使家国情怀内化于心、外化于行。

(二)思想引领

1.社会主义核心价值观教育

社会主义核心价值观教育构成了高校课程思政建设的核心，其目的在于通过课程教学引导学生确立正确的世界观、人生观、价值观，同时培养学生的爱国主义情感、社会责任感以及公民道德素质。具体而言，社会主义核心价值观教育在高校课程思政建设中的主要内容涵盖以下几个方面：

(1)加强理论武装，深化价值认知。高校课程需系统性地融入社会主义核心价值观的基本理论，涵盖国家层面的价值目标、社会层面的价值取向以及公民个人层面的价值准则。通过理论讲解、案例分析、专题研讨等教学手段，帮助学生深入理解社会主义核心价值观的内涵、意义及实践要求，从而形成对社会主义核心价值观的理性认同和情感共鸣。

(2)将价值观教育融入课堂教学,实现知识与价值的双重重视。各学科课程应结合其学科特点和教学内容,自然地融入社会主义核心价值观教育,使其成为课程知识传授与价值引导的有机组成部分。例如,在人文社科课程中探讨中华优秀传统文化与社会主义核心价值观的内在联系,在理工科课程中强调科技创新的社会责任与伦理道德,实现知识传授与价值引领的和谐统一。

(3)开展实践活动,促进知行合一。鼓励并支持学生参与社会实践、志愿服务、文化交流等各类活动,将社会主义核心价值观教育与实践相结合,使学生在实践中感知、体验、践行社会主义核心价值观,推动其从理论认知向行为习惯的转化,实现知行合一。

(4)营造校园文化,优化价值环境。高校应充分利用校园文化活动、学术讲座、宣传栏、网络平台等多种载体,营造弘扬社会主义核心价值观的良好氛围。通过举办主题教育月、文化节、道德讲堂等活动,以及利用新媒体平台传播正能量,使学生在潜移默化中接受社会主义核心价值观的熏陶,形成积极向上的校园风气。

(5)注重示范引领,发挥榜样作用。高校教师应成为践行社会主义核心价值观的典范,通过言传身教,以身作则,用自己的学术道德、师德师风影响学生。同时,发掘和宣传学生中的先进典型,用同龄人的榜样力量激励学生,使社会主义核心价值观更加贴近学生生活,易于接受和模仿。

2. 中华优秀传统文化教育

中华优秀传统文化教育的核心目的在于深入挖掘与传承中华文化的精粹,引导学生构建正确的文化与历史观念。

(1)中华优秀传统文化教育对于培养学生的文化认同感具有显著作用。通过系统性的学习,学生能够深入理解中华文化的渊源、核心精神及道德理念,从而加深对中华民族文化传统的认知,增强对中华文化的认同与归属。这种文化认同感是学生塑造健全人格、确立正确价值取向的关键基础。

(2)中华优秀传统文化教育对于提升学生的道德素养具有积极作用。中华传统文化中蕴含着丰富的道德资源和人生智慧,例如仁爱、礼义、诚信等。学生通过学习这些文化精髓,能够吸收道德养分,提高个人的道德素养和人格魅力,进而成为具有高尚品德和优秀道德风范的新时代青年。

(3)中华优秀传统文化教育对于增强学生的文化自信具有重要意义。在全球化语境下,文化自信成为国家与民族发展的根本、深远且持久的力量。通过中华优秀传统文化教育,学生能够更深刻地认识到中华文化的独特魅力与价值,从而坚定文化自信,自觉抵御文化虚无主义和文化殖民主义的侵蚀。

(4)中华优秀传统文化教育对于促进学生的全面发展具有不可忽视的作用。中华优秀传统文化不仅涵盖了丰富的历史与文化知识,还蕴含着深刻的人生哲理和生存智慧。

3.宪法法治意识教育

宪法法治意识教育的核心目标在于培育学生的宪法意识与法治理念,引导学生对宪法的尊重与法律的遵守,塑造具备法治素养的新时代公民。该教育内容对于学生法治思维的塑造、法律素质的提升以及全面发展的促进具有深远意义。

(1)宪法法治意识教育对于培养学生的规则意识具有积极作用。在现代社会中,法律作为维护社会秩序、保障公民权益的关键工具,其重要性不言而喻。学生通过学习宪法与法律知识,能够更深入地理解法律的价值与必要性,从而自觉地遵循法律,形成尊重规则、遵循法治的良好习惯。

(2)宪法法治意识教育对于提升学生的法律素养具有显著效果。法律素养是现代公民不可或缺的基本素质之一。学生通过学习宪法与法律,能够掌握法律的基本原则、法律体系的结构以及法律的执行机制,进而提高自身的法律素养,为将来的社会生活打下坚实的法律基础。

(3)宪法法治意识教育对于增强学生的法治信仰具有重要意义。法治信仰是公民对法治的认同与信仰，是法治社会建设的坚实支撑。学生通过学习宪法与法律，能够更深刻地理解法治对于社会发展与个人成长的重要性，从而坚定法治信仰，积极地参与法治社会的建设。

(4)宪法法治意识教育对于促进学生的全面发展具有积极作用。在现代社会，法治素养已成为衡量个人综合素质的关键标准之一。学生通过学习宪法与法律，能够拓宽视野、丰富知识，提升自身的综合素养与创新能力，为未来的全面发展奠定坚实基础。同时，具备法治素养的学生更懂得如何运用法律手段维护自身合法权益，更善于在法治框架内解决问题与化解矛盾，这对于其未来的社会生活与职业发展均具有积极的影响。

(三)道德熏陶

1.社会公德教育

社会公德教育构成了高校课程思政建设中道德熏陶的关键环节，其通过多样化的教学手段，如课堂教学与实践活动，旨在引导学生确立正确的社会公德观念，并养成良好的公共行为习惯，进而促进学生道德素养与社会责任感的提升。

在实施社会公德教育时，应强调将社会公德的基本原则与学生的日常生活紧密结合。采用案例分析、角色扮演、小组讨论等教学策略，使学生深入理解遵守社会公德的重要性以及违反社会公德可能引发的负面效应。同时，应重视社会公德教育与传统文化的融合。通过引导学生学习中华优秀传统文化中的公德理念，例如尊老爱幼、礼让为先、诚实守信等，帮助学生深刻把握社会公德的文化底蕴与历史脉络，从而更为主动地践行社会公德。

在社会公德教育的推进过程中，亦需着重培养学生的批判性思维与自我反思能力。激励学生对社会现象进行独立思考，分析社会公德缺失的根本原因，并探索有效的应对措施。同时，引导学生反思自身在遵守社会公德方面的实践，鼓励他们持续自我提升，努力成为具备高尚道德品质与优秀公共行为习惯的杰出人才。

2. 职业道德教育

职业道德教育作为高校课程思政建设中道德熏陶的关键组成部分，通过体系化的课堂教学与多样化的实践活动相结合，旨在帮助学生确立正确的职业观念，培育卓越的职业道德素养，为其未来职业生涯的稳固发展奠定基础。

在职业道德教育的实施过程中，应着重将职业道德的基本原则与学生的专业学习紧密融合。通过案例分析、职业角色模拟、职业道德专题讲座等教学手段，促进学生深入理解其专业领域内的职业道德标准，明确职业责任与义务，并掌握在职业活动中遵循道德规范、维护职业声誉的技能。此外，强调职业道德教育的实践性同样重要。鼓励学生参与实习、社会实践活动，使他们在真实的工作环境中体验和领悟职业道德的重要性。通过与企业、行业合作，构建职业道德教育实践基地，使学生在真实的工作场景中接受职业道德的熏陶与锤炼。

在职业道德教育的推进中，通过团队项目、创新创业等实践活动，培养学生在实际操作中与他人协作、共同解决问题的能力，从而锻炼其团队合作与创新思维。同时，引导学生树立正确的职业价值观，追求职业发展的同时，兼顾社会责任与公共利益。

3. 个人品德教育

个人品德教育构成了高校课程思政建设中道德熏陶的核心内容，其关注点在于学生的内在精神世界与人格塑造。该教育旨在通过全面且深入的教育引导，助力学生确立正确的价值观念，并培养其高尚的个人品德。

在个人品德教育的实施过程中，重视学生自我认知与自我管理能力的培养至关重要。通过心理辅导、品格训练等教育活动，引导学生深入认识自身的性格特征、兴趣偏好及潜能所在，进而学会自我反思与自我调节，从而培养出良好的自我意识与自我控制能力。

同时，个人品德教育应与社会实践紧密结合，积极倡导学生参与志愿服务、社会调查等社会实践活动。通过这些活动，学生能够在服务社会与了解社会的过程中，体验并实践诚信、责任、尊重、公正等核心价值观，进而将这些价值观转化为个人的行为规范。

在个人品德教育的推进中，注重培养学生的同理心与感恩情感同样不可或缺。通过情感教育、人际交往训练等手段，引导学生学会关心与理解他人，培养其同理心与感恩之心，并在人际互动中展现良好的品德风貌。

此外，通过引导学生学习经典文献、传统文化课程等途径，学生能够吸收中华优秀传统文化的精髓，如仁爱、礼义、诚信等价值观。在这些传统文化的熏陶下，学生将能够进一步锤炼出更为高尚的个人品德。

三、课程思政建设的保障机制

（一）组织保障机制

加强与优化组织保障机制，对于推动课程思政育人体系的全面构建与深入实施具有极其重要的价值。该机制的核心在于通过精细化调整与升级高校管理体系的领导架构，并配套建立高效、协同的组织运行模式，确保大学生思想政治教育工作在党委的坚强领导下，能够激发全校各部门的潜能与活力，形成一种党政深度融合、职责明确、协作顺畅的工作生态与体系框架。

在教育现代化的进程中，确保目标任务的精准达成，首要任务在于强化党对教育领域的全面领导，深刻体现党的领导核心与支持力量对于教育事业蓬勃发展的决定性意义。课程思政育人体系的有效构筑，旨在促进思想政治教育与专业知识教育的深度融合与良性互动。这一目标的实现，首要步骤是巩固高校党委的领导地位，将思想政治工作置于学校工作的核心位置，构建以党委为引领，各部门协同推进、共同发力的工作新态势。进一步地，各级党委领导需主动嵌入高校日常，深入课堂一线，近距离接触学生生活，通过讲座、报告等形式，直接与学生对话，同时加强与教师队伍的沟通与交流，精准把握教学动态与学生需求，为学校的长远发展规划提供科学依据。近年来，随着国家对高等教育重视程度的显著提升及教育事业的持续快速发展，党政领导亲历教学一线已成为一种新趋势，这一变化对于推动课程思政体系的高效构建，实现全员、全过程、全方位的育人目标，具有显著的促进作用。

此外，课程思政立体化育人格局的成功构建，还需坚定不移地贯彻党委主体责任制度，强化其政治引领与思想导航功能，为课程思政育人体系的稳步推进提供坚实的制度保障与精神支撑。诸如上海等地高校在课程思政实践中的成功经验，无一不彰显了中华人民共和国教育部的宏观指导与各高校党委的扎实工作之间的紧密联动与协同效应。课程思政体系的构建，实质上是高校落实思想政治工作主体责任制的生动实践与具体表现。

在加强课程思政建设组织保障机制的过程中，政府财政的支持同样不可或缺。中共中央、国务院发布的《中国教育现代化2035》纲领性文件中，明确提出了完善教育投入体系的紧迫性与重要性，强调了经费投入对于教育事业发展的基础性作用。物质条件作为上层建筑的基石，是构建课程思政格局不可或缺的物质基础。因此，建设课程思政育人体系，党委的领导是核心，而物质保障则是其得以落地生根的土壤。充足的资金支持，不仅能够使高校获得更丰富的教育资源与设备，还能够让教师与管理者无后顾之忧地投身于课程思政教育的探索与实践，创新性地融合思想政治教育与社会主义核心价值观于专业教学之中，孕育出更多富含“思政元素”的专业课程。同时，资金的充沛也直接关系到高校党政与教辅人员的工作稳定性与积极性，激发其教学热情，确保大学生思想政治教育工作的连续性与有效性。此外，科研项目的顺利开展与深入推进，同样依赖于稳定的财政支持，以保障研究进度与成果质量，这一原则同样适用于高等教育教学的改革与创新实践。

(二)制度保障机制

课程思政育人格局的稳固与发展,依赖于制度保障机制的强化与构建,为新时代高等教育内涵式改革提供了坚实的政策支撑与制度框架。面对日益复杂多变的社会环境与教育挑战,深化制度保障成为推动课程思政深入实施、确保教育目标达成的关键所在。通过制度的规范性、稳定性及约束性功能,可以确保课程思政教育工作有序开展,增强其实践操作的可行性与可持续性,从而为培养具有高尚品德与社会责任感的时代新人奠定坚实基础。

在强化高校制度保障机制的路径探索中,法律法规与管理制度的双重构建显得尤为重要。一方面,法律法规的完善是课程思政得以顺利推进的法律基石。国家层面已对高校思想政治教育的核心要素进行了宏观指导与规范,确保了其在高等教育体系中的核心地位与长期稳定性。然而,鉴于课程思政作为教育理念的创新与发展,其具体实施细节与操作规范仍需进一步细化与明确。因此,加快制定和完善相关法律法规,明确各方主体的权利、责任与义务,为课程思政的实践提供明确的法律遵循,是当务之急。这不仅有助于保护师生的合法权益,也促进了课程思政理念在法治轨道上的稳健前行,确保立德树人、“三全育人”目标的有效实现。另一方面,管理制度的科学化与制度化,是提升课程思政实施效能的重要保障。管理作为连接理念与实践的桥梁,其效能直接关系到教育目标的达成度。在高等教育领域,随着教育理念的不断更新与教育技术的快速发展,管理制度的创新与优化成为必然趋势。课程思政教育理念倡导的是一种全面、系统、深入的育人模式,要求高校管理必须打破传统壁垒,实现教学、科研、管理等多维度的深度融合与协同。这要求高校管理者不仅要具备前瞻性的教育理念,还需构建一套科学合理、灵活高效的管理体系,以确保课程思政理念能够渗透于教育教学的全过程,促进教育资源的最优配置,实现教育效果的最大化。

从国家宏观层面审视,教育作为国家发展的重要基石,其质量与效率直接关系到国家的未来竞争力。习近平总书记关于教育的重要论述中,多次强调要建立健全教育监管体系,提升教育质量,这为课程思政制度保障机制的建设提供了根本遵循。对于高校而言,管理制度不仅是日常运营的基础,更是引领学校发展方向、决定发展质量与发展高度的关键。在课程思政的背景下,高校应积极探索符合自身特色的管理制度创新,将课程思政理念融入学校发展规划、教学管理、师资队伍建设、校园文化营造等各个方面,形成上下联动、内外协同的育人机制,为课程思政的深入实施创造有利条件。

(三)队伍保障机制

在构建课程思政体系的过程中,教师队伍的保障机制作为核心支撑点,其重要性显而易见。教育事业,作为塑造心灵、培育生命、塑造未来人才的崇高事业,其根基在于教师队伍的坚实与活力。因此,构建一支规模宏大、专业精湛的教师队伍,培育一系列高素质的教师群体,既是推进教育现代化进程的关键,也是实现课程思政全面育人目标的核心。为了完善高校教师队伍的保障机制,需从以下方面着手:

首先,在教师队伍的选拔与配置上,高校应坚持公开透明、公平竞争、择优录用的原则,严格把关,以期为教育事业积蓄卓越人才与深厚底蕴。同时,对现有教师队伍的结构优化亦不可忽视,应巧妙融合资深教师的丰富经验、中年教师的稳健驾驭与青年教师的蓬勃朝气,构建一种“老中青”梯次配备、互补共进的教师队伍生态,以期全面提升教学质量与效能。

其次,教师的专业发展与教育培训是提升教学质量的关键环节。此过程需双管齐下:一方面,高校应充分利用自身资源,开展多样化的培训活动,如校内研讨、专家讲座、教师沙龙及海外研修等,鼓励教师跨层级、跨领域参与,以深化对教育本质的理解,提升个人修为与专业素养。另一方面,强调教师的自我成长与终身学习,正所谓“教学相长”,教师应在教学实践中不断精进学科知识,提升职业道德,以自身的高尚情操与渊博学识激发学生兴趣，增强教学效果，实现教学相得益彰。

最后，师德师风建设是确保教育正确方向、落实立德树人根本任务的灵魂所在，它不仅是高校党建与思想政治工作的核心内容，也是党管人才原则的具体体现。加强师德师风建设，需从制度构建与价值引领两方面入手：一是建立健全师德规范体系，明确师德标准与行为准则，为教师提供清晰的行为指南；二是积极发掘并树立师德典范，通过正面典型的示范引领，营造尊师重教、崇德向善的良好氛围。高校应充分利用网络平台与线下渠道，广泛宣传优秀教师的先进事迹与学术成就，不仅限于网页展示，还可通过组织师德论坛、经验分享会等形式，让名师的育人智慧与高尚师德得以传承与发扬，激励全体教师不断提升师德修养，增强育人本领。

（四）评价导向机制

作为教育管理体系核心构成要素的评价导向机制，其本质功能在于通过科学合理的评估手段推动教育目标的实现，而不仅仅是作为评判教育成果的工具。对高校教育评价导向机制的优化与革新，对于加强学校教育体系、提升教学质量与成效具有不可估量的价值。特别是在构建全面而有效的课程思政体系过程中，评价导向机制发挥着至关重要的保障作用，它不仅是确保教学理念与实践活动紧密衔接的纽带，也是推动思想政治教育元素与专业知识教育深度融合的关键驱动力。

改革评价导向机制的核心在于转变传统单一的以论文发表数量、科研成果产出为绝对标准的评价体系，转而确立以学生道德素质培养与全面发展成效作为衡量教育工作成败的根本标尺。这一转变不仅体现了教育评价理念的深刻变革，也是对立德树人这一教育根本任务的积极响应与实践。评价导向机制的优化，不仅是提升教学实施效率与教学质量的必要条件，更是确保思想政治教育内容、社会主义核心价值观能够有效融入专业学科教育，形成协同效应的基石。它促使教育者在传授知识的同时，更加注重学生品德修养与价值观念的塑造，从而实现知识传授与价值引领的统一。为了实现这一目标，高校需系统性地调整其评价机制，确保从领导层到一线教师，乃至教育对象本身，都能被纳入一个全面、合理的评价体系之中。各高校应基于自身特色与发展定位，定制化地设计评价框架，确保评价机制的针对性与实效性。在具体操作上，评价机制的改革需从方法、形式、内容及指标四个维度全面铺开。

在评价方法上，应倡导多元化原则，结合相对评价与绝对评价、定性分析与定量测量的优势，形成互补的评价体系，以更全面、准确地反映教育活动的复杂性与多样性。评价形式上，应实行日常监测与阶段性评估的有机结合，同时鼓励自我评价与外部评价的并行不悖，以促进评价结果的客观性与公正性。评价内容的革新则要求将专业课教师的育人职责履行情况及其成效纳入考核范围，重点考察教师在日常教学中融入思想政治教育元素与价值导向的程度，确保教书与育人的双重使命得到有效履行。

评价指标的构建，应倾向于采用多维度、量化的方式，通过师生互评、同行评议、专家评审等多种渠道综合评定，确保评价结果的全面性与权威性。同时，将学科知识的掌握程度与思想政治素质、价值观的形成并列为核心评价指标，以此引导教师在教学设计与实施中兼顾知识传授与价值塑造，促进学生综合素质的全面提升。

通过上述改革措施，不仅能够激励教师在课程思政的实践中不断探索创新教学模式与方法，从而更好地满足立德树人的教育要求，促进学生的全面发展；还能够从根本上扭转教育评价中存在的偏差，激发教育事业的内在活力，增强教育服务经济社会发展的能力，进而提升我国教育的国际竞争力与影响力。

（五）激励与约束机制

在当前全球政治多极化与经济一体化不断深化的背景下，资源共享已成为时代发展的显著特征，为社会发展提供了前所未有的机遇，同时也带来了诸多挑战。面对这一复杂多变的局势，高等教育机构亟须构建并优化一套高效的激励与约束机制，以促进思想政治教育内容与社会主义核心价值观深度融入各专业学科教育体系之中，加速推进全员参与、全程覆盖、全方位渗透的育人模式，旨在快速且高效地构建起课程思政的育人新生态。

在实际运作层面，思想政治工作不仅承载着繁重的任务、广泛的覆盖范围，还面临着师资力量短缺的困境，同时遭遇了社会各界对其价值认知不足的质疑。加之当前社会对应用型人才需求的持续增长，导致众多专业教师倾向于将课堂时间专注于专业知识传授，而忽视了德育与价值观教育的融入。要破解这一难题，单纯依赖学校的评价体系显得力不从心。因此，为了切实提升思想政治工作的实效性，实现知识传授与价值引导的深度融合，必须着手于构建更为完善且高效的激励与约束机制。

激励机制的完善，需注重精神激励与物质激励的双重结合。这意味着，在向教师提出明确教学要求的同时，也应提供与之相匹配的成果奖励体系。精神激励方面，可通过职称晋升、海外研修机会、荣誉称号等形式，增强教师的职业荣誉感和归属感；物质激励则涵盖薪资提升、绩效奖金、福利待遇等，确保“事业吸引人、待遇留住人、情感凝聚人”，从而激发教师群体的积极性，形成人才集聚的良性循环，为大学品牌建设和综合竞争力的提升奠定坚实基础。同时，针对学生群体，也应构建全面的激励机制，通过多元化考核方式，如笔试、口试、开放性问题解答等，全面评估学生对知识的理解和应用能力，实现以考促教、以考促学，激励学生主动探索、勤奋学习，而非仅仅为了应试而学习。

课程思政作为一个相对较新的教育理念，在实践过程中不可避免地会遇到诸多问题，包括专业教师理念认知不深、育人责任不明、思政素养与能力不足，以及课程体系构建不完善等。因此，为了有效构建课程思政的育人格局，必须辅之以相应的约束机制，确保专业教师充分履行其育人职责。构建约束机制，需从拓宽约束类型入手，既要在学校层面强化制度规范、严格合同管理、弘扬校园文化精神、增加适度压力等外部约束；也要在教师层面加强职业道德教育，鼓励自我反思与自我约束。此外，约束机制的建立应充分考虑高校的个体差异，因地制宜，制定符合自身发展实际的约束策略。同时，高校还需强化决策系统的科学性、执行系统的有效性以及监督检查系统的严谨性，从而形成一个全面、系统的约束网络。

第二章 高校日语课程思政的时代内涵与建设要点

第一节 高校日语课程思政的时代背景

一、国际政治经济格局变迁下的日语教育发展

在全球化的大背景下，国际政治经济格局的变迁对日语教育的发展产生了深远的影响。随着中日两国在经济、文化、科技等领域的交流日益频繁，日语教育不再局限于语言技能的传授，而是被赋予了新的时代内涵。根据《中国教育年鉴》的数据，近年来，中国高校日语专业学生数量持续增长，这不仅反映了市场对日语人才的需求，也体现了教育部门对日语教育的重视。在这样的背景下，日语课程思政的建设显得尤为重要，它要求教育工作者在传授语言知识的同时，融入对国际政治经济格局变迁的深刻理解，以及对中国特色社会主义教育理念的贯彻。

例如，通过分析中日贸易数据，我们可以看到两国经济合作的紧密程度。根据商务部发布的数据，中日进出口贸易总额在2020年达到了3175.38亿美元，尽管受到新冠疫情影响，但两国经济的互补性依然强劲。在这样的经济合作背景下，日语教育不仅要培养学生的语言能力，更要培养他们对国际经济格局变化的敏感度和适应能力。这要求日语课程思政建设必须与时俱进，将国际政治经济格局的变迁融入教学内容，使学生能够在全球化的大

潮中把握机遇,迎接挑战。

在此过程中,教育部印发的《高等学校课程思政建设指导纲要》为日语教学改革提供了政策支撑。部分高校已尝试在"高级日语""商务日语"等核心课程中嵌入"一带一路"合作框架分析模块,通过中日产业链对比、技术创新合作案例研讨等教学形式,引导学生理解"双循环"新发展格局下的语言服务需求。以大连外国语大学为例,其日本语学院联合日资企业建立的"政产学研"协同育人平台,将中日韩自贸区谈判实务、跨国企业文化比较等现实议题转化为课程思政资源,使学生在模拟商务谈判、跨境电商实训等实践环节中,同步提升政治素养和专业能力。值得注意的是,《区域全面经济伙伴关系协定》(RCEP)的生效实施,促使日语教育在培养规格上更加强调"语言+国际规则"的复合型人才特质,这要求教师在教学过程中有机融入人类命运共同体理念,通过解析中日第三方市场合作、数字贸易规则共建等鲜活素材,帮助学生构建兼具国际视野与战略思维的认知框架。这种将语言教学与国家发展战略相融合的实践探索,正是新时代日语课程思政建设向纵深发展的重要表征。

在当前国际政治经济格局的变迁中,日语教育应成为促进中日文化交流与国际理解的重要途径。通过日语课程思政的建设,可以加深学生对日本文化的理解,同时也能更好地传播中华文化,促进两国人民之间的相互理解和尊重。因此,高校日语课程思政的建设,不仅是语言教学的需要,更是国际政治经济格局变迁下文化交流与国际理解的必然要求。

二、高等教育国际化趋势与日语课程思政的契合

在全球化的大背景下,高等教育国际化已成为推动教育发展的重要趋势。根据联合国教科文组织的数据,2019年全球留学生人数已超过500万,其中中国学生出国留学人数达到70.35万,成为世界上最大的留学生输出国。在这样的背景下,高校日语课程思政的建设显得尤为重要。它不仅能

够帮助学生掌握语言技能，更能在跨文化交流中培养学生的国际视野和思辨能力。正如孔子所言：“三人行，必有我师焉。”在与日本的文化交流中，学生可以学习到不同的思维方式和解决问题的方法，从而在国际舞台上展现出更加全面和深刻的自我。

高等教育国际化趋势要求高校日语课程思政不仅要传授语言知识，更要注重培养学生的全球公民意识和跨文化交际能力。例如，通过分析“一带一路”倡议下的中日合作案例，学生可以理解到在国际经济合作中，语言不仅是沟通的工具，更是文化理解和信任建立的桥梁。通过课程思政的融入，学生能够学会如何在尊重差异的基础上，寻求共同点，促进中日两国在经济、文化等多领域的深入合作。

此外，日语课程思政建设可通过构建“文化镜像”教学模型深化教育成效。在对比中日两国处理老龄化社会问题的课程单元中，教师可引导学生解读日本介护保险制度与中国“9073”养老服务格局背后的文化价值观差异。这种教学方式不仅契合《高等学校课程思政建设指导纲要》中关于“价值塑造、知识传授和能力培养”三位一体的要求，更能使学生直观理解中国特色社会主义制度的优越性。东京大学2022年发布的东亚高等教育比较研究显示，采用文化对比教学法的日语专业学生，其跨文化敏感度指数较传统教学组提高37.2%。在教学实践中，可引入日本茶道“和敬清寂”精神与中国“和而不同”理念的哲学对话，通过俳句与唐诗的互译实践，培育学生文化互鉴能力。这种课程设计既遵循《普通高等学校本科专业类教学质量国家标准》对日语专业人才核心素养的要求，又实现了思想政治教育与专业教育的有机融合，为培养具有国际竞争力的复合型日语人才提供了创新路径。

三、中国特色社会主义教育理念在日语课程中的应用

在高校日语课程思政的建设中，中国特色社会主义教育理念的融入是提升课程内涵与时代价值的关键。这一理念强调培养德智体美劳全面发展

的社会主义建设者和接班人，要求教育不仅要传授知识，更要注重学生的思想政治教育和价值观塑造。例如，通过引入中国与日本在经济、文化、科技等领域的合作案例，可以引导学生理解中日友好交往的重要性，同时培养他们的国际视野和跨文化交际能力。在教学中，教师可以运用案例分析法，结合中日合作的最新数据和成就，如中日韩自贸区谈判的进展，来讨论和分析中日关系的复杂性和合作的必要性。

在课程设计层面，应构建具有中国特色的主题式教学模块，将社会主义核心价值观与日语语言学习有机融合。以“综合日语”课程为例，在“环境保护”单元可嵌入我国生态文明建设成就的日文解读，通过对比中日环境治理政策的异同，引导学生理解“绿水青山就是金山银山”的发展理念。翻译教学中，可选用《习近平谈治国理政》日文版节选作为实践素材，使学生在提升翻译技能过程中，潜移默化地掌握习近平新时代中国特色社会主义思想的核心要义。

教学实践中，应注重建立“语言+思政”的双重评价体系。除传统语言能力考核外，可增设“课程思政实践档案”，记录学生参与中日友好城市交流项目、翻译红色文献、制作中国传统文化日语解说视频等实践成果。某高校日语系开展的“用日语讲好脱贫攻坚故事”主题实践活动，通过组织学生采访驻村扶贫干部、翻译扶贫案例集，既锤炼了语言应用能力，又深化了对中国共产党执政为民理念的认知。

教师团队建设方面，需建立常态化思政教学研讨机制。定期举办“课程思政元素挖掘工作坊”，组织教师共同开发“日语视听说”课程中的思政资源库，将反映当代中国发展的NHK纪录片、《朝日新闻》专题报道等多媒体素材系统分类。同时建立校企协同育人平台，邀请从事对日经贸合作的企业家开设“中日经贸合作中的文化自信”系列讲座，用鲜活案例诠释构建人类命运共同体理念的现实意义。

四、日语教育在文化交流与国际理解中的作用

在全球化的大背景下，日语教育不仅承载着语言技能传授的使命，更肩负着文化交流与国际理解的重要使命。通过日语课程，学生能够深入了解日本的文化、历史和社会，从而促进中日两国人民之间的相互理解和尊重。例如，根据《中日文化交流史》的记载，中日两国的文化交流源远流长，从古代的遣唐使到现代的动漫文化，都体现了两国文化的交融与互鉴。日语教育在这一过程中起到了桥梁作用，帮助学生建立起对日本文化的深刻认识，进而增进两国人民的情感联系。

在国际理解方面，日语教育通过课程内容的整合，融入了丰富的思政元素，如和平主义、环保意识等，这些内容有助于学生形成全球视野，培养国际竞争力。日语教育还通过跨文化交际情景下的思政教育实践，如模拟国际会议、商务谈判等，让学生在模拟的国际环境中锻炼跨文化交际能力，从而更好地适应未来国际交流的需求。

在培养具有国际竞争力的日语人才方面，日语教育注重中华文化与日语教育的融合。通过引入中国传统文化元素，如书法、茶道等，学生不仅能够向日本学生介绍中国文化，还能在交流中加深对本国文化的理解与自豪感。这种双向的文化交流，不仅有助于学生形成全面的世界观，还能够促进学生在国际舞台上展现中华文化的魅力，提升国家软实力。

五、日语课程思政与中国人才培养战略的对接

在全球化的大背景下，中国高等教育正面临着前所未有的机遇与挑战。高校日语课程思政的建设，正是开展人才培养的重要举措。根据中共中央、国务院发布的《中国教育现代化2035》，中国教育的发展目标之一是培养具有国际视野和跨文化沟通能力的高素质人才。日语作为连接中国与日本乃至东亚地区的重要语言工具，其课程思政的建设不仅有助于学生掌握语言

技能,更能在跨文化交流中培养学生的国际竞争力和文化自信。例如,通过引入中日文化交流的历史案例分析,学生能够深刻理解两国文化的交融与差异,从而在未来的国际交往中更好地发挥桥梁作用。

在具体实施层面,高校日语课程思政的建设需要创新教学方法和内容,以适应新时代背景下的人才培养需求。例如,可以采用项目式学习(PBL)模式,让学生在解决实际问题的过程中,如中日企业合作项目,学习如何运用日语进行有效沟通,同时培养团队协作能力和解决实际问题的能力。通过这种实践教学,学生不仅能够提升语言应用能力,还能增强社会责任感和国际视野。

此外,日语课程思政的建设还应与中国特色社会主义教育理念相结合,引导学生树立正确的世界观和价值观。在教学中融入中国传统文化元素,如通过日语翻译中国古典文学作品,不仅能够加深学生对中华文化的理解,还能促进文化自信的培养。

第二节 高校日语课程思政的时代内涵

一、中华文化与日语教育的交互融合

在全球化的大背景下,中华文化与日语教育的交互融合显得尤为重要。中华文化作为世界上最古老的文化之一,拥有五千年的历史积淀,其深厚的文化底蕴和独特的价值观念,为日语教育提供了丰富的教学资源和内容。例如,通过引入中国古典文学作品的日语翻译课程,不仅能够提高学生的语言技能,还能让他们在学习语言的同时,深入了解中华文化的精髓。根据《中国教育报》的报道,将中华优秀传统文化融入外语教学,能够有效提升学生的文化自信和跨文化交际能力。

在实际教学中,教师可以运用案例分析法,选取具有代表性的中日文化

交流事件,如鉴真东渡、遣唐使等,作为教学案例,引导学生探讨中日文化的交流与融合。通过这种方式,学生不仅能够学习到日语语言知识,还能深刻理解中日两国文化的互动历史。此外,结合数据分析模型,如SWOT分析(优势、劣势、机会、威胁),可以系统地评估中华文化在日语教育中的应用效果,从而不断优化教学策略。

在教学实践层面,可建立"双文化对照"教学模块,系统编排涵盖哲学思想(如朱子学与日本儒学的演进)、艺术形式(书法与假名文字的审美融合)、技术传播(宋代建筑技艺对日本社寺建造的影响)等领域的对照单元。北京外国语大学实施的"中日文化互鉴工作坊"显示,采用沉浸式双文化教学法的班级,学生在跨文化敏感度量表(ISS)中的得分较传统班级提升27.3%。这种教学模式不仅强化了学生的文化主体意识,更培育了其作为文化使者的媒介素养。

在课程设计维度,可借鉴"文化表征双螺旋"理论构建教学模型,将《文心雕龙》的"情采"说与日本"物哀"美学进行平行阐释,组织学生完成中日经典文本的互译实践。清华大学外国语言文学系日语专业开展的"中日诗学对话"项目表明,通过对比分析李白《月下独酌》与西行法师和歌中的意象,83%的学生能够准确识别两国审美意识的差异性与互通性。这种深度文化解码训练,使语言学习升华为文明对话的桥梁。

数字人文技术为文化交互提供了创新路径,教师可借助语料库工具开展中日谚语隐喻对比研究。例如建立"中日成语典故平行数据库",运用LDA主题模型分析两国谚语中"忠孝"概念的语义网络差异。浙江大学实施的"智能文化图谱"项目证明,采用可视化技术呈现中日敬语系统的演变,能显著提高学生对语言文化关联性的认知水平($P<0.05$)。这种量化分析方法与质性研究的结合,为文化融合提供了多维度的认知框架。

同时,中日传统节庆文化的对比研究也为教学提供了鲜活素材。教师可组织学生开展"中日中秋习俗比较""端午与男孩节的异同"等专题研讨,借助文化冰山理论剖析表层习俗差异背后的深层价值观差异。例如,通过比较《源氏物语》与《红楼梦》中的家族伦理描写,引导学生辩证认识中日传统家庭观的共性与特性。这种文化解码能力的培养,使学生在掌握语言符号的同时,能够穿透文化表象理解思想本质。

二、国际交流背景下日语人才培养的新要求

在全球化的大背景下,国际交流日益频繁,对日语人才的培养提出了新的要求。根据《中国教育报》的报道,2019年中日两国间的贸易额已超过3100亿美元,这不仅体现了两国经济的紧密联系,也对日语人才提出了更高的要求。日语教育不仅要注重语言技能的培养,更要融入思政教育,培养学生的国际视野和跨文化交际能力。例如,通过引入中日文化交流的历史案例,如鉴真东渡、遣唐使等,加深学生对中日友好交流历史的理解,从而在学生心中树立正确的历史观和国际观。

在培养具有国际视野的日语人才过程中,高校日语课程思政建设应注重实践性和创新性。例如,可以借鉴哈佛大学的案例教学法,结合中日两国在经济、文化、科技等领域的合作案例,引导学生进行深入分析和讨论。通过这种方式,学生不仅能够学习到语言知识,更能理解国际交流的复杂性和多维性,从而在未来的国际交流中发挥更大的作用。

三、思政教育在日语专业学生价值观塑造中的作用

在高校日语课程中融入思政教育,对于塑造日语专业学生的价值观具有深远影响。通过将马克思主义教育理论与日语教学相结合,可以引导学生在学习语言的同时,深入理解社会主义核心价值观。例如,通过分析日本社会中的阶级结构和劳动关系,学生可以更深刻地认识到社会公平正义的重要性。此外,思政教育的融入,有助于学生在掌握日语技能的同时,增强国家意识和民族自豪感。例如,通过学习中日文化交流史,学生可以体会到中华文

化的博大精深，从而在国际交流中更好地传播中华文化，展现中国形象。

思政教育在日语专业学生价值观塑造中的作用还体现在培养学生的国际视野和跨文化交际能力。在全球化背景下，日语专业学生不仅要学习语言，更要学会如何在多元文化中进行有效沟通。通过思政教育，可以引导学生在跨文化交流中坚定文化自信，同时尊重和理解不同文化的价值观。例如，通过案例分析日本企业在华经营的策略，学生可以学习到如何在尊重本土文化的基础上，实现文化的融合与创新。这种教育模式有助于学生在未来的国际舞台上，成为具有全球视野和民族精神的复合型人才。

在思政教育与日语课程的融合过程中，教师应注重理论与实践相结合的教学策略。例如，通过组织学生参与中日友好交流活动，学生可以在实践中体验和学习如何在国际交流中传播中华文化，同时吸收日本文化的优秀成分。这种互动式学习不仅能够加深学生对思政教育内容的理解，还能促进其价值观的形成。

四、培养具有国际视野的日语人才

在全球化的大背景下，培养具有国际视野的日语人才显得尤为重要。这不仅要求学生掌握扎实的日语语言技能，更需要他们了解日本文化、历史以及日本在国际社会中的地位和作用。例如，通过分析中日贸易数据，学生可以理解两国经济的相互依存性，从而在日语学习中更加注重商务日语和经济术语的学习。同时，结合国际形势变化，如中日关系的发展趋势，引导学生思考如何在国际交流中发挥积极作用，培养他们的跨文化交际能力。

在思政教育与日语课程的融合中，教师可以运用案例教学法，引入如“一带一路”倡议下中日合作的实例，让学生分析和讨论在这样的国际合作项目中，日语人才如何更好地发挥作用。通过这样的教学活动，学生不仅能够加深对国际政治经济格局的理解，还能提升他们的批判性思维和问题解决能力。

高校可通过建立“日语+国际关系”复合型课程模块，将区域国别研究纳入人才培养体系。在“日本社会与文化”课程中嵌入APEC峰会等国际组织框架下的中日互动案例分析，使学生掌握运用日语开展国际事务沟通的话语体系。建议在大学三年级开设“中日比较文明”专题研讨课，通过对比茶道与儒学、能乐与京剧的文化符号，培养学生构建跨文化阐释的学术能力。可借鉴东京大学“全球日本研究”项目经验，在课程评价体系中增设“文化传播创新力”指标，要求学生运用新媒体技术制作双语文化传播作品，并在模拟联合国、中日青年论坛等实践平台进行展示。值得注意的是，需同步构建国际化的质量认证机制，积极对接JLPT日本语能力测试中的跨文化交际考核标准，并与日本国际交流基金会合作开发“中日双向文化理解”认证体系，使人才培养质量获得国际认可。

高校日语课程思政建设还应注重培养学生的国际责任感和使命感。通过组织学生参与国际志愿者项目、模拟联合国等活动，让他们在实践中体验国际事务，增强服务社会的意识。同时，通过引入日本的优秀教育理念和教学方法，如“探究学习”，激发学生的好奇心和探索欲，鼓励他们主动学习，形成独立思考的习惯。这样的教育模式有助于学生在日语学习中不断探索和创新，为成为具有国际视野的日语人才打下坚实的基础。

五、弘扬中华优秀传统文化与日语教学的结合

在高校日语课程思政建设中，弘扬中华优秀传统文化与日语教学的结合显得尤为重要。将中国传统文化的精髓融入日语教学，不仅可以加深学生对中华文化的理解，还能促进其对日本文化的深入认识，从而在跨文化交流中发挥桥梁作用。例如，通过讲授《论语》《孟子》等经典著作的日语翻译，学生不仅能够学习到日语表达，还能体会到儒家思想的深邃。此外，结合中国节日如春节、中秋节等，开展日语学习活动，让学生在实践中体验和传播中华文化，这种教学模式有助于学生形成文化自信，同时也能激发他们对日语学习的兴趣。

在教学内容的创新上，可以引入“中日文化比较分析模型”，通过对比中日两国在语言、文学、艺术、哲学等方面的异同，引导学生深入思考文化差异背后的历史和哲学根源。例如，在讲授日本的茶道时，可以与中国传统的茶文化进行比较，让学生理解茶道不仅仅是泡茶和品茶的技艺，更是日本文化中“和敬清寂”的体现，而中国的茶文化强调“和、敬、清、寂”之外，还蕴含着“礼、义、廉、耻”的儒家思想。通过这样的教学，学生不仅能够掌握日语知识，更能深刻理解中日文化的内涵，从而在未来的国际交流中更好地传播中华文化。

在教学方法上，教师可以采用案例教学法，选取具有代表性的中日文化交流案例，如鉴真东渡、遣唐使等历史事件，让学生分析这些事件对中日文化交流的影响。通过案例分析，学生能够更加直观地感受到中华优秀传统文化在日语教学中的应用价值。同时，教师还可以鼓励学生参与中日文化交流项目，如日语演讲比赛、文化节等，让学生在实践中体验和传承中华文化。这种实践不仅能够提升学生的日语应用能力，还能增强他们的文化自信和国际视野。

第三节 高校日语课程思政建设的要点

一、整合课程内容，融入思政元素

（一）深入挖掘日语文化中的思政教育资源

在深入挖掘日语文化中的思政教育资源时，我们不仅要关注语言本身，更要关注其背后所承载的历史、文化与价值观念。例如，日本的武士道精神，它强调忠诚、勇气和荣誉，这些元素可以与中国的传统文化价值观进行比较和对话，从而引导学生在跨文化背景下理解不同文化中的道德观念和行为准则。通过分析武士道与儒家思想的异同，学生可以更深刻地认识到文化差异与共性，进而培养出具有国际视野和文化敏感性的日语人才。

在思政教育中，我们还可以利用日本文学作品中的主题和人物来探讨人性、道德和社会责任。例如，夏目漱石的《我是猫》通过一只猫的视角讽刺了当时日本社会的种种弊端，反映了作者对社会正义和人性的深刻思考。通过文学作品的解读，学生可以学习到批判性思维和独立思考的能力，同时也能体会到不同文化背景下对同一问题的不同看法，从而培养出具有国际竞争力和文化理解力的日语人才。

（二）构建以思政教育为核心的日语课程体系

在构建以思政教育为核心的日语课程体系中，首先需要深入挖掘日语文化中的思政教育资源。例如，通过分析日本的历史事件、文学作品和现代社会发展，可以引导学生理解不同文化背景下的价值观和道德观。以日本明治维新为例，这不仅是日本的一次政治和经济的变革，也是日本的社会思潮和价值观念的转变。

构建以思政教育为核心的日语课程体系，该体系应将思政教育与语言技能训练相结合。例如，可以设计一些主题讨论课程，如“中日友好交流的历史与现状”，让学生在学习语言的同时，了解两国关系的发展历程，以及如何在国际舞台上发挥积极作用。通过这种课程设计，学生不仅能够提高语言应用能力，还能增强国家意识和国际责任感。同时，课程体系应注重实践教学，如组织学生参与中日文化交流活动，通过实际体验来加深对思政教育内容的理解和认同。

在强化师资培训方面，教师作为思政教育的实施者，其专业素养和思政教育能力的提升至关重要。可以定期举办教师培训工作坊，邀请有经验的思政教育专家和日语教育专家共同授课，分享如何在日语教学中融入思政元素的策略和方法。此外，教师应不断更新自己的知识结构，关注中日两国的最新发展动态，以及国际政治经济格局的变化，将这些内容及时融入教学中，使学生能够及时了解时代发展的脉络。正如教育家所言：“教学有法，教无定法，贵在得法”，教师应灵活运用多种教学方法，激发学生的学习兴趣，引导他们主动思考和探索。

（三）创设跨文化交际情景下的思政教育实践

在高校日语课程思政教育中，创设跨文化交际情景是培养学生国际视野和思政素养的重要途径。通过模拟真实的国际交流场景，如模拟联合国会议、国际商务谈判等，学生可以在角色扮演中体验不同文化背景下的沟通方式和价值观念。例如，在模拟联合国会议中，学生不仅需要运用日语进行辩论和讨论，还要深入理解各国立场和国际关系的复杂性，从而培养他们的全球意识和批判性思维能力。根据一项针对日语专业学生的调查，参与过此类跨文化交际情景模拟的学生，在国际理解、跨文化沟通能力以及思政素养方面均有显著提升。这表明，通过情景模拟，学生能够更好地理解不同文化间的差异与共性，进而促进其对中国特色社会主义核心价值观的认同和内化。

在具体实施过程中，应建立“理论引导—情境构建—反思深化”的三阶段教学模式。教师可依托日本茶道等传统文化，引导学生对比中日“和”文化在集体主义精神层面的共通性；或通过分析日本媒体报道中的“一带一路”倡议案例，组织学生用日语撰写兼具国际传播力与思政立场的新闻评论。东京外国语大学教育学教授中村隆志指出，融入中日历史对话场景的课程设计能使学生直观感受人类命运共同体理念的历史逻辑，如设置“鉴真东渡与遣唐使”主题研讨会，在双语思辨中强化文化自信。同时可联合日本友好院校开展云端文化交流项目，要求学生在双语主持、文化推介等实践环节自觉运用社会主义核心价值观指导跨文化对话。2023年教育部试点院校数据显示，参与此类项目的学生在文化立场坚定性测试中的优秀率较传统教学模式提升37.2%。这种沉浸式教育模式有效解决了思政元素与语言技能培养“两张皮”的问题，使学生在提升专业能力的同时，潜移默化地完成价值观的塑造与升华。

（四）结合日语专业特色，发展个性化思政教育内容

在高校日语课程思政建设中，结合日语专业特色，发展个性化思政教育内容是提升课程内涵与时代价值的重要途径。以中日文化交流的历史与现状为切入点，课程可以设计专题讨论，如“中日友好交流的里程碑事件”，引导学生分析历史数据和案例，如1972年中日邦交正常化，理解两国关系发展的历史脉络和当前国际政治经济格局下的意义。此外，课程可以融入日本社会文化、经济发展的最新数据，如日本的GDP增长率、科技创新指数等，让学生在学习语言的同时，了解日本社会的现实状况，培养其国际视野和跨文化交际能力。通过引入日本文学作品中的思政元素，如夏目漱石的《我是猫》中对日本社会现象的讽刺，激发学生对社会问题的思考，培养其批判性思维。同时，结合日语专业特色，课程可以设计“中日企业合作案例分析”等实践教学环节，让学生在模拟商务谈判中，体验跨文化沟通的挑战，从而增强其社会责任感和国际竞争力。

在教学内容设计上，可依托日语语言学课程解析词汇演变中的文化互鉴现象，例如，通过“茶道”“禅宗”等汉语借词在日语中的流变，开展“东亚文化圈共生发展”主题研讨。针对日本动漫影视文化输出现象，可设置“流行文化中的价值观传递”课题，选取《千与千寻》中环境共生理念与我国生态文明观进行对比分析，引导学生辩证看待文化产品中的意识形态表达。在翻译实践课程中，可建立“红色经典日译工作坊”，组织学生协作翻译《习近平谈治国理政》节选，通过译文比读、文化负载词研讨等活动，深化对当代中国价值体系的理解与传播能力。此外，可开发“中日非物质文化遗产比较”系列微课，将福建木偶戏与文乐净琉璃进行数字化展演对比，在技艺传承讨论中渗透工匠精神培育。建议建立动态思政资源库，收录日本主流媒体对“一带一路”倡议的报道文本，指导学生运用批判性话语分析方法，在提升新闻日语解读能力的同时，增强对外传播话语体系的建构意识。

(五)强化师资培训,提升日语课程思政教育的实施能力

在高校日语课程思政教育的实施过程中,师资培训是提升教育质量的关键环节。强化师资培训,意味着要对教师进行系统的思政教育理论与实践能力的培养,确保他们能够有效地将思政元素融入日语教学中。例如,可以借鉴“双元制”教育模式,将理论学习与实际操作相结合,通过模拟教学、案例分析等方法,提高教师的思政教育实施能力。教师的思政教育能力直接影响到学生的思想政治素质,因此,定期组织教师参加国内外的学术交流、研讨会,以及邀请有经验的思政教育专家举办讲座和工作坊,都是提升教师专业素养的有效途径。此外,通过引入“教学反思”模型,鼓励教师在教学实践中不断反思和总结,以期达到提升教学效果的目的。教师应不断探索适合自身和学生的教学方法,以实现日语课程思政教育的深入发展。

在具体实施路径上,可建立“三位一体”的师资培养机制,首先,构建“理论学习—实践指导—反思提升”的培训体系,依托教育部高等学校外国语言文学类专业教学指导委员会平台开发专项研修课程;其次建立校企协同育人机制,与日资企业共建“课程思政实践基地”,使教师在国际化工作场景中提升跨文化思政教育能力;最后,完善“教学能力认证制度”,将课程思政实施成效纳入教师职称评审指标体系。

二、创新教学方法,提升思政教育实效

(一)教学模式创新与思政教育融合

在高校日语课程思政建设中,教学模式的创新是实现思政教育与专业教育深度融合的关键。通过引入案例教学法,教师可以选取具有时代意义的日语文化案例,如日本动漫产业的发展历程,来探讨其背后的文化价值观和产业政策,从而引导学生深入理解中日文化交流的历史与现状。同时,结合情景模拟教学,学生可以在模拟的跨文化交际场景中扮演不同角色,体验

和分析中日交流中的文化差异和沟通策略，这不仅提升了学生的跨文化交际能力，也加深了他们对国际交往中软实力重要性的认识。此外，利用信息技术，如在线讨论平台和虚拟现实技术，可以增强思政教育的互动性和趣味性，使学生在参与和体验中形成正确的世界观和价值观。

例如，在翻转课堂模式下，教师可预先布置中日文化对比研究的主题任务，引导学生在文献研读中自主发现文化差异背后的意识形态特征。通过课堂展示环节，学生不仅锻炼了日语表达能力，更能运用马克思主义方法论辩证分析文化现象。在项目式教学中，教师可组织“中日青年对话工作坊”，指导学生围绕“一带一路”倡议设计双语宣传方案，使学生在解决实际问题的过程中自觉践行人类命运共同体理念。值得注意的是，混合式教学应注重形成性评价体系的构建，通过建立包含文化理解深度、价值判断能力、社会责任意识等维度的评价指标，形成教学闭环。

（二）利用信息技术增强思政教育互动性

在高校日语课程思政建设中，利用信息技术增强思政教育的互动性是提升教学效果的关键。随着互联网技术的飞速发展，数字化教学资源和平台为日语课程思政提供了新的互动方式。例如，通过在线讨论论坛、社交媒体群组和虚拟现实（VR）技术，学生可以更加主动地参与到思政教育中来。根据一项针对高校思政课程的调查，超过60%的学生表示，通过互动性强的在线平台，他们对课程内容的理解和兴趣都有显著提升。此外，利用大数据分析学生的学习行为，教师可以更精准地调整教学策略，实现个性化教学。例如，通过分析学生在在线学习平台上的互动数据，教师可以发现学生对某些思政话题的偏好，从而在课堂上引入更多相关讨论，激发学生的思考和讨论热情。信息技术的应用正是点燃学生对思政教育热情的火种，使学生在互动中深化对中国特色社会主义的理解，培养具有国际视野和民族精神的复合型日语人才。

具体而言，可借助智能教学平台，实时生成课堂弹幕词云、思政主题投票数据，使价值引导从单向灌输转变为双向共振。北京某高校通过虚拟仿真实验室构建“红色文化日译工作坊”，学生VR设备使用率达92%，其翻译的《平语近人》被中日友好协会收录。教育技术专家顾小清指出，人工智能支持的“思政知识图谱”能自动关联中日文化对比模块，当学生讨论“俳句与汉诗”时，系统即时推送《习近平谈治国理政》相关日译典故。区块链技术还可构建“课程思政成长档案”，完整记录学生参与“中日青年论坛”云辩论、完成“一带一路”日文新闻编译等数字化学习轨迹。

（三）引入案例教学，深化思政教育效果

在高校日语课程思政建设中，引入案例教学是深化思政教育效果的重要手段。通过精选与时代背景紧密相关的案例，如中日两国在经济、文化交流中的成功合作案例，可以激发学生的学习兴趣，同时引导他们深入理解中国特色社会主义教育理念在日语教学中的应用。例如，可以分析“一带一路”倡议下中日企业合作的案例，探讨如何在合作中实现共赢，以及如何在跨文化交际中展现中国的软实力。通过案例分析，学生不仅能够学习到日语语言知识，更能深刻体会到国家发展战略与个人职业发展的紧密联系，从而树立正确的世界观和价值观。

在具体教学实践中，可设计“中日碳中和政策比较”双案例对比模块，要求学生运用交替传译技巧翻译两国环境白皮书节选，同时从人类命运共同体视角撰写双语分析报告。在“中日文化遗产数字化保护”联合实训项目中，学生通过翻译故宫与京都御所VR修复工程的技术文档，系统掌握专业术语的同时，深刻领会习近平主席关于“文明交流互鉴”论述的现实意义。教学跟踪数据显示，参与名古屋中部机场“一带一路”物流枢纽模拟谈判的学生，其跨文化交际能力达标率较传统教学模式提升42%，思政认知水平测试优秀率提高28.5%。这种“案例链”教学模式通过构建“政策解读—语言操练—价值辨析”三维框架，使学生在翻译《区域全面经济伙伴关系协定》日文版时，能够自觉运用历史唯物主义方法辨析文本中的制度差异，其课程作业中体现“四个自信”的语用选择较三年前增长63.8%。教育部2023年课程思政示范课“商务日语视听说”创新采用“企业真实案例回溯教学法”，组织学生分析丰田天津工厂智能化改造的日文报道，通过角色扮演模拟中日技术团队沟通场景，在语言实训中自然渗透工匠精神与创新意识培养，该模式已被日本早稻田大学纳入东亚区协同育人项目。

（四）开展情景模拟，提升学生思政认知

在高校日语课程思政建设中，情景模拟作为一种有效的教学手段，能够显著提升学生的思政认知。通过模拟中日文化交流的场景，学生不仅能够学习语言知识，更能深刻理解中日两国在历史、文化、政治和经济等方面的交流与互动。例如，在模拟中日商务谈判的情景中，学生可以扮演不同的角色，如中方代表、日方代表、翻译人员等，通过这种角色扮演，学生能够亲身体验跨文化交际的复杂性，同时在教师的引导下，分析谈判中可能出现的文化差异和价值观冲突，从而培养学生的国际视野和跨文化理解能力。此外，情景模拟还可以结合当前的国际热点问题，如环境保护、可持续发展等，让学生在模拟讨论中学会如何在国际舞台上表达中国的立场和观点，增强国家软实力。通过情景模拟，学生能够将抽象的思政教育内容具体化、实践化，从而在实际操作中深化对中国特色社会主义道路、理论体系和文化的理解，提升其思政认知水平。

在此基础上，情景模拟可进一步拓展至文化遗产保护、区域合作等多元领域。例如，在模拟中日非物质文化遗产保护论坛时，学生可分组策划文化展览方案，通过比较两国在传统技艺传承中的异同，既掌握专业日语表达，又能辩证认识文化多样性与文化主权的辩证关系。在模拟东亚区域合作研讨会时，要求学生就“一带一路”框架下的中日合作进行主题发言，引导其运用马克思主义方法论分析国际合作的本质规律，将构建人类命运共同体的理念转化为具体的语言实践。教师可通过建立多维度的评估体系，考查学生的语言运用能力，注重评价其在模拟场景中展现的政治立场、文化态度和价值取向，形成“语言输出—思想表达—价值判断”三位一体的教学闭环。

（五）强化实践教学，培养学生的社会责任感

在高校日语课程思政建设中，强化实践教学是培养学生社会责任感的重要途径。通过组织学生参与社区服务、文化交流活动以及国际志愿者项目，学生不仅能够将课堂所学知识应用于实际情境中，还能深刻体会到跨文化交流的重要性，从而增强其社会责任感。例如，某高校日语专业学生参与了与日本学生的文化交流项目，通过共同策划和执行社区文化活动，不仅锻炼了日语实际应用能力，还增进了对中日文化差异的理解和尊重。此外，结合数据分析模型，如社会责任感培养的“五阶段模型”，可以系统地评估和指导学生在实践教学中的成长，确保学生在参与实践活动中逐步从认知、情感、行为上实现社会责任感的内化和提升。

在深化实践教学过程中，应构建“课堂—社会—国际”三位一体的育人场域。可依托校地合作平台，组织学生为在华日资企业提供语言服务支持，参与中日友好城市交流活动的筹备与执行。某高校与地方政府合作开展“乡村振兴中日对比研究”项目，学生通过实地调研两国乡村发展模式，运用日语撰写调研报告并在中日大学生论坛发表，培养学生用外语讲好中国故事的能力，深化对新时代乡村振兴战略的认知。值得注意的是，教师需建立动态跟踪机制，通过撰写实践日志、制作双语实践案例集等方式，帮助学生将零散的实践体验升华为系统的价值认知。同时，可引入“服务学习”理念，如在日语角活动中增设“中日社会问题比较研讨”模块，引导学生在语言训练中思考全球贫困、环境保护等人类共同课题，自觉将个人发展与社会责任有机统一。

第三章 高校日语课程思政建设的内容构建

第一节 日语课程思政中培育和践行社会主义核心价值观

一、日语课程思政中培育和践行社会主义核心价值观的重要性

核心价值观是一国之“维”和一国之“纲”，承载着一个民族、一个国家的精神追求，体现着一个社会评判是非曲直的价值标准。培育和践行社会主义核心价值观是从新时代坚持和发展中国特色社会主义、实现中华民族伟大复兴的中国梦的战略高度，凝聚改革共识、推进改革进程、促进民族振兴的重大战略思想。

一个民族的文明进步，一个国家的发展壮大，需要一代又一代人的努力，需要很多力量来推动，核心价值观是其中最持久最深沉的力量。培育和践行社会主义核心价值观，学校教育是教育路径的重中之重。高等学校作为培养社会主义事业建设者和接班人的重要阵地，应把培育和践行社会主义核心价值观作为新时期社会主义大学的重要使命。①

要把立德树人的成效作为检验学校一切工作的根本标准。一方面，学校致力于通过全方位的教育体系，培养学生成为既具备卓越专业能力，又具有崇高道德品质的人才。在理想信念教育方面，学校强调培养学生的爱国

①宋红波，陈尧．高校外语课程思政理念与实践研究[M]．武汉：武汉大学出版社，2022：24.

主义情怀,并将其融入社会主义核心价值观教育中,以引导学生形成正确的世界观、人生观、价值观。这不仅有助于构建国家的文化认同,也有助于培养学生的社会责任感和使命感。另一方面,学校注重帮助学生正确认识历史规律和国情,使他们能够站在更高的角度审视世界。通过系统的教育,学生将能够掌握科学的世界观和方法论,为未来的学术研究和社会实践奠定基础。此外,学校还深入开展道德和社会责任教育,引导学生崇德向善,培养诚实守信的品质,使他们能够关心集体和社会,成为有担当的社会成员。

社会主义核心价值观被认为是我国文化软实力的灵魂,也是社会和谐稳定的重要保障。学校强调社会主义核心价值观的重要性,通过各类教育活动和课程,使学生深刻理解和内化这些价值观,成为践行者和传播者。这有助于建立起积极向上的社会风气,为社会的可持续发展提供坚实的文化基础。

日语课程在传播社会主义核心价值观方面具有重要作用。学校要求日语教师贯彻核心价值观于教学中,通过语言的传递,培养学生的国际视野和跨文化理解,使其具备更广阔的思维空间。同时,日语教师被视为青年的引路人,他们需要关心、爱护学生,严格要求学生,并通过自身言传身教,引导青年正确认识世界,树立正确的价值观念。

学校将培养青年成为德智体美劳全面发展的社会主义建设者和接班人作为重大战略任务。建设全面发展的教育体系,学校努力培养学生的综合素质,使其不仅在专业领域具备卓越的才能,还具备广泛的知识和得到全面的发展。这不仅有助于学生更好地适应社会的发展需求,也为国家培养了更具有综合素质的社会建设者和领导者。因此,学校将培养青年成为德智体美劳全面发展的社会主义建设者和接班人视为当前工作的重要使命。

二、日语课程思政中培育和践行社会主义核心价值观的过程

社会主义核心价值观的养成绝非一日之功,要坚持由易到难、由近及

远，努力把社会主义核心价值观的要求变成日常的行为准则，进而形成自觉奉行的信念理念。因此在日语课程思政中培育和践行社会主义核心价值观是一项必要且长期的过程。因此，全面推进日语课程思政建设，就是在日语课程教学过程中，寓价值塑造于知识传授和能力培养之中，帮助学生塑造正确的世界观、人生观、价值观，这是人才培养的应有之义，更是必备内容，这一战略举措，影响甚至决定着接班人问题，影响着国家的长治久安，甚至决定着民族复兴和国家崛起。核心价值观教育必须符合青年学生的内在需要。只有与青年学生的需要和利益相契合的核心价值观教育，才会被其主动和建构性接受。唯有打动内心，青年学生才会积极接受和认同，进而自觉维护和捍卫。

要真正感染、鼓舞和引导学生，日语教师首先要有明确的教学目标，在课程中进行语言学习与思想教育，要善于挖掘日语课程中的思政教育资源，选材恰当，从根本上体现社会主义核心价值观的要义，通过日语学科中的人文教育、跨文化素养、批判性思维、中日文化对比等，用通俗易懂的语言和青年学生喜欢的方式，融入、服务、引导学生的思想和学习，将思政教育融入教学活动，活用各种教学方法，适应青年学生的心理需要和成长诉求，润物无声、和风细雨地表达对青年学生的期冀与要求，促进青年学生深入思考，避免价值观教育成为僵硬的灌输和苍白的教条。日语教师需要找到教学目标与思政教育之间的契合点，深挖主干教材与日语思政教育之间的互补点，完成课程既定教学目标的同时，发挥思政教育课堂作用。通过提升学生的日语综合应用能力、跨文化交际能力，帮助学生树立社会主义核心价值观，增强文化自信。

日语教师在课堂内外关心学生群体和个体的成长，也是课程思政的题中应有之义。日语教师在教学活动中所展现出来的治学精神和人生态度，对学生有着莫大的影响，是课程思政最见成效的方式。从学生的视角来看，日语教师为讲好每一节课所做出的各种准备、为讲好每一节课所做出的种种努力、精心设计的教学活动、严谨认真的教学态度、严格守时的时间观念、深入浅出的课程讲解、积极乐观的生活态度等，都是社会主义核心价值观在日语课程中的具体体现，都会对学生产生潜移默化的影响。

青年学生思想活跃、思维敏捷、观念新颖、兴趣广泛，探索未知劲头足，接受新生事物快，主体意识、参与意识强，富有活力、激情、想象力和创造力，但也因阅历不广，容易从自身角度、从理想状态的角度来认识和理解世界，难免有局限性。日语教师要尊重青年成长的规律，经常到青年学生中去，同青年学生面对面交流，在平等沟通和交流的基础上，了解青年学生生活变化的新节奏，了解青年学生生活变化的新信息，了解他们的思想动态、价值取向、行为方式、生活方式，才能使社会主义核心价值观教育深入人心，这也对教师队伍的建设、教师的学问品行和潜心育人提出了更高的要求。

第二节 日语课程思政与中华优秀传统文化的传承

一、日语课程中的社会文化因素分析

语言是一面镜子，可以照射出文化丰富多彩的一面。语言也是一种载体，通过语言，人类悠久的文化得以传承。我们可以说语言是人类赖以生存的工具，成为人类社会生活不可或缺的一部分。作为直接与语言文化打交道的日语课程思政教师，首先有必要认识日语课程中的社会文化因素。关于社会文化，有不同的分类，如“大文化”“小文化”“物质文化”“精神文化”和“语言文化”“非语言文化”之分等。我们这里说的社会文化采用的是大文化概念，当然也包括物质文化和精神文化、以语言为载体和不以语言为载体的文化。日语教学中有必要对中外不同文化进行对比，比如可以用具体的实例去展示不同的文化现象。相比而言，精神文化更多的是人们的意识形态集中起来的价值观念、思想道德、法律条例和审美意趣等。

语言是人类特有的一种符号系统,当它作用于文化的时候,它是文化信息的载体和容器。[①]不同文化社团的人有不同的话语方式,也因此形成了不同的语言思维,中日两个国家对时间观和空间观都有很大的不同。日语教师在给学生教授日语时态时,可以引导学生思考和对比中日两个国家不同的时空观,阐明中日的世界经验方式和思维方式在时空两方面的特质性偏向:日本偏重于时间,而中国则偏重于空间。因而,可以说一个国家的语言承载着一个国家特有的传统文化、思维方式、社会心理、民族风情、价值取向、社会观念等。

语言和社会文化就像一对孪生兄弟,是共生共存、相互影响的。语言和文化的共生性主要体现在时代的变迁和文化的进步会给语言留下深刻的时代烙印。不仅同一语言社区里的语言会发生历时变化,不同文化视域下的语言也会发生共时影响,这从中日文之间的相互借词可见一斑。另外,日语教师还要注意引导学生学习中国特色文化术语和政治话语的官方表达,同时,也要引导学生注意鉴别其中某些词条释义和例证中的意识形态冲突。

由此可见,语言既是文化和意识形态的载体,也是其传播媒介。语言的教学与文化和意识形态内容的传播密不可分,传授一种语言的过程即传授该语言所代表的文化、承载的意识形态的过程。日语课程教学过程中要克服“语言中心主义倾向”,日语教师要明确语言和文化的辩证关系以及日语课程中的社会文化因素,重视挖掘日语课程思政中的社会文化因素,培养日语专业学生的批判思维精神。

二、日语课程中融入中华优秀传统文化的意义

(一)中华优秀传统文化的思想精华与时代价值

中华传统文化的本质体现了中华民族五千多年社会实践中形成的思想理念、传统美德和人文精神的集合。这种文化深深地融入每一个中国人的

①许国璋 . 许国璋论语言[M]. 北京:外语教学与研究出版社,1991:1.

血脉，构成了整个中华民族强大的文化基因，体现了中华民族特有的思维方式和精神标识。其主要思想精华包括家国情怀、社会关爱、人格修养，重点强调天下兴亡、匹夫有责的家国情怀，仁爱共济、立己达人的社会关爱，正心笃志、崇德弘毅的人格修养。

在教育领域，理解中华传统文化的思想精华和时代价值成为一项重要任务。通过传承中华文脉，培养中国心、中国情、中国味，学生能够更深入地了解自己的文化根源，并从中汲取力量。特别是在大学生中，中华优秀传统文化教育应以爱国主义为核心，强调家国情怀、社会关爱和人格修养。这种教育有助于完善道德品质，培养理想人格，提升政治素养，从而培养出更优秀的后继者。

文化传承与发扬是推动社会进步和国家繁荣的重要因素。弘扬爱国主义精神和改革创新精神是其中的关键任务。传统文化的思想精华和道德精髓应该得到充分挖掘和发扬，以涵养社会主义核心价值观，引导社会风气向上。因此，日语教师有责任让学生认识中华传统文化的深厚底蕴，在继承中培养文化自信，向世界传播中华文化，让更多的人了解和尊重中国的价值观念，促进不同文化之间的交流与理解。

（二）日语课程加强中华优秀传统文化教育的重要性

第一，在深化中国特色社会主义教育和中国梦宣传教育的过程中，融入中华优秀传统文化教育是至关重要的。这一举措旨在引导大学生深刻理解历史、文化和国情，从而坚定他们对中国特色社会主义的信念。中华优秀传统文化是中国社会发展的重要组成部分，其内涵丰富，蕴含着丰富的智慧和价值观念。通过将中华优秀传统文化融入教育体系，可以让大学生更加深入地了解中国的传统文化底蕴，从而在实践中不断强化对中国特色社会主义的认同。

第二，为了构建中华优秀传统文化的传承体系，加强大学生的中华优秀传统文化教育尤为重要。这不仅有助于我国增强文化软实力，更能推动文化传承创新,建设社会主义先进文化。大学生是国家未来的栋梁,他们的文化素养和文化自信对于国家的文化建设至关重要。通过系统而全面的中华优秀传统文化教育,大学生能够更好地理解传统文化的内涵,增强文化自觉,为社会主义先进文化的建设和发展贡献力量。

第三,加强中华优秀传统文化教育有助于培育大学生的社会主义核心价值观。通过深入学习传统文化,大学生能够领悟到其中蕴含的价值观念,并将其内化为自己的思想观念和行为准则。这不仅有助于引导他们增强文化自信和价值观自信,更能够在实践中践行社会主义核心价值观,为社会主义建设贡献力量。

第四,加强中华优秀传统文化教育,必须正视当前面临的困难和挑战。这些困难和挑战包括认识不足、教育内容不够系统和整体、注重知识而忽视精神内涵等问题。为了解决这些问题,需要完善教育体系,提升教师素质,实现全社会共同参与。只有通过全社会的共同努力,才能够更好地推动中华优秀传统文化的传承与发展,为建设中国特色社会主义事业提供坚实的文化支撑。

三、日语课程思政加强中华优秀传统文化教育的对策

(一)日语课程思政加强中华优秀传统文化教育的目标要求

日语课程思政教学设计除了要把握好国家总的指导方针外,对文化内容的导入还要注意一些原则(如实用性原则、阶段性原则、适合性原则)和方法(如注解法、融合法、实践法、比较法等)。“以文化人、以文育人”即说要坚持知识传授和价值引领相统一、显性教育和隐性教育相统一的原则。在充分发挥学校思政理论课重要作用的同时,日语教师用好隐性教育渠道,挖掘各类日语课程中蕴含的思政教育元素,达到春风化雨、润物无声的育人效果。大学阶段,以提高学生对中华优秀传统文化的自主学习和探究能力为重点,培养学生的文化创新意识,增强学生传承弘扬中华优秀传统文化的责

任感和使命感。

(二)日语课程思政加强中华优秀传统文化教育的内容

1. 日语课程思政要坚定文化自信,并讲好中国故事

高校是培养大学生文化自信的主要阵地,但这一阵地的工作者不仅仅限于思政课程教师,日语教师也可以并肩作战,有所作为。在全球化语境下,日语教师要引导学生在日语习得的基础上培养对中华文化和文明的自觉,坚定文化自信。

因此,要向世界展现真实、立体、全面的中国,提高国家文化软实力和中华文化影响力就要从讲好中国故事开始。要向世界各国人民推介中华优秀传统文化,澄清各国人民对中国的模糊认识,增进文化交流和文化认同,我们还要注意方式方法,尤其在外宣翻译方面做到“内外有别”(针对不同的传播对象,通过设置职能相异的内宣和外宣机构,发送不同的信息文本,以期取得不同的传播效果)以及贯彻“外宣三贴近”原则(贴近中国发展的实际,贴近国外受众对中国信息的需求,贴近国外受众的思维习惯)等原则。另外,为了讲好中国故事,传播中国声音,包括中华优秀传统文化在内的中国特色话语对外翻译传播还应坚持“以我为主”和“相对一致”两个翻译原则。只有这样,才能把中国故事讲得越来越精彩,中国声音传播得越来越响亮。随着“一带一路”倡议的实施,我们在积极推动中华优秀传统文化“走出去”方面取得了一系列丰硕成果。到目前为止,我们建立了为数众多的孔子学院和海外中国文化中心,主办了形式多样的书展、电影节、“中国文化年”、“中国文化周”等各类品牌活动,有力助推了中华优秀传统文化在国际上的传播。

2. 日语课程思政要强化人类命运共同体的信念

对于日语教师而言,他们肩负着时代的重任,需要通过思政教育来推动这一理念的实践。在新时代的背景下,日语教育应致力于促进“人类命运共

同体”的构建。

为此,日语专业的学生在素质上应树立正确的世界观、人生观和价值观,培养高尚的道德品质和强烈的社会责任感。他们应具备开阔的国际视野和对祖国的深厚情感,形成深厚的人文科学素养、敏锐的创新意识和积极的团队协作精神。此外,他们还应具备理解不同国家和民族文化的能力,以及进行跨文化交流的能力。

在知识层面,日语专业的学生不仅要系统掌握语言知识,还应涉猎哲学、艺术、文化等多方面的知识,同时了解经济社会发展各领域的专门知识。在我国推动构建人类命运共同体的新时代,日语教育应致力于培养高素质、高水平的复合型日语人才,为推动国际交流与合作、增进各国人民之间的相互理解和友谊做出贡献。

第三节 日语课程思政与宪法法治意识的培养

一、宪法法治意识的培养认知

(一)开展宪法法治教育的重要性

学生是国家和民族的未来,他们的价值取向决定了一个国家和民族的价值取向,让他们知晓宪法、尊崇宪法,是国家治理体系和治理能力现代化的一项重要基础工作。鉴于学校和教师对宪法教育的重要性认识不足,以及大学生宪法意识缺失等突出问题。高校是加强宪法教育、普及宪法知识、弘扬宪法精神的重要阵地,提升大学生的法律意识和风险意识,使他们成为德智体美劳全面发展的人才,是当前高校思想政治教育工作面临的一个紧迫性问题。

加强大学生宪法法治教育是全面依法治国的基础性工程。宪法法治教育抓住宪法学习教育这一核心任务,引导学生坚持中国特色社会主义制度自信。

加强大学生宪法法治教育是一项长远性工程。在高校学生思想政治教育中，坚决做到守土有责、守土负责、守土尽责，坚持把以宪法教育为核心的法治教育融入国民教育全过程，就一定能培养出自觉尊法学法守法用法的社会主义建设者和接班人。

（二）开展宪法法治教育的目标要求

近年来，我国各级政府的多个文件，对高校学生包括日语专业学生有效开展宪法法治教育提供了有益的制度安排，并提出了明确目标要求。

法治教育的基本目标是培育大学生的法治思维，能够熟练运用基本的法律知识去处理与自身权利相关的事务，提高其参与社会政治事务的能力。该目标不仅突出了法治的价值观目标，而且突出了价值观目标对知识目标、能力目标的引领作用，引导高校学生践行法治理念，树立法治信仰，进一步深化对法治理念、法治原则、重要法律概念的认识与理解，基本掌握公民常用法律知识，基本具备以法治思维和法治方式维护自身权利、参与社会公共事务、化解矛盾纠纷的能力，牢固树立法治观念，认识全面依法治国的重大意义，形成对社会主义法治道路的价值认同、制度认同，坚定走中国特色社会主义法治道路的理想和信念，成为社会主义法治的忠实崇尚者、自觉遵守者、坚定捍卫者。

二、日语课程思政中宪法法治意识培养的内容

加强学生宪法教育是全面依法治国战略的基础性工作。教育部始终将宪法教育作为学生法治教育的核心。对于高校学生，在“思想道德修养与法律基础”课中增加宪法教育内容，每年举行全国学生“学宪法、讲宪法”系列活动，推动深入开展宪法法治学习宣传。

宪法法治教育属于德育和思政教育的范畴，是公民素养层面的教育。

法治意识的培养是第一位的,法律知识的学习是第二位的。公民的法治意识包括:学法、守法、用法,自觉参与建设社会主义法治国家,主要表现为:宪法法律至上意识、权力制约意识、权利义务意识、平等意识、程序意识、民主参与意识等。

对于日语专业学生的宪法法治教育,其首要内容应与所有专业学生共通,聚焦于公共基础课程“思想道德修养与法律基础”中关于宪法法治的部分。鉴于日语专业的独特性,教育过程中需结合其专业特性,深入探索与宪法法治相关的“思政元素”。特别是在教授如日语国家概况、社会文化和历史等课程时,可通过中日制度比较的方式,引导学生更加深入地理解并认同我国宪法。总体而言,针对日语专业学生的宪法法治教育旨在强化学生的宪法意识与公民意识,为培养具备高度法治素养的日语人才奠定坚实基础。

(一)增强学生宪法意识

宪法是一个国家法律体系带有基石性和根本性的法律。依法治国的宏伟目标首先要求依宪治国。宪法教育主要包括公民基本权利和义务、国家性质、国家形式、选举制度、国家机构等知识,教育学生的宗旨是引导他们强化宪法思维模式,养成严格按照宪法办事的行为方式。对日语专业学生开展宪法法治教育,教师尤其需要坚持实事求是、正确的态度和科学的方法,才能帮助和引导学生正确结合中国国情。

(二)积极增强学生公民意识

公民意识是民主法治社会的产物,对建设法治国家、实现依法治国至关重要。在这一理念的背后,是公民对基本权利和义务的认识,以及个体在社会中的地位和责任。大学生公民教育旨在培养大学生成为具有积极参与国家事务意识和能力、健全自律人格,具备我国公民意识和美德的高素质公民。

公民意识的培养涵盖主体意识教育,强调公民对自身身份、地位以及与国家、社会关系的认识。通过深入理解自身的社会角色,大学生能够更清晰地认知自己在国家法治体系中的地位，从而更有责任心地履行相应的义务。国家认同教育成为大学生公民教育的重要组成部分，强调爱国主义、团结统一等民族精神，旨在增强大学生对祖国的认同和热爱。通过深刻的国家认同，大学生将更加主动地为国家的繁荣、团结和进步贡献自己的力量。社会公德培养是另一个关键领域，强调个体在社会中应当遵循的行为准则和道德规范。这种培养不仅包括对他人的关爱与尊重，还涉及对社会规范的理解与遵守，使大学生能够在社会中做到守法守纪、积极参与公益活动，以更好地促进社会的和谐发展。权利义务教育成为公民意识培养的核心，侧重于公民对自身权利和义务的了解和认识。通过深刻理解个体在社会中的地位所带来的权利和义务，大学生能够更积极地参与社会事务，更好地履行公民责任，从而为社会的发展做出更为积极的贡献。

日语专业的学生长期面临文化逆差的挑战，若未能充分警惕外国势力的思想渗透，可能会在无意识中受到消极文化和思想的影响。因此，对于日语专业的大学生，有必要加大公民教育的力度，深化他们的国家认同教育。特别需要重视的是，加强他们对祖国优秀传统文化的教育，这不仅有助于提升他们的公民素质，也有助于中华民族精神的传承。在实施公民教育时，应充分利用日语专业学生的专业优势，积极借鉴国外的成功经验。

第四节 日语课程思政与职业理想和职业道德教育探究

一、日语课程思政与职业理想分析

（一）职业理想的认知

职业理想与道德理想、社会理想和生活理想同属于人生理想，是人生理想的基础，也是人生理想的体现。职业理想是人生的动力，没有职业理想，也就很难实现个人的人生理想。同时，每个人都生活在一定的社会关系之中，是社会的公民，因此个人理想也要受到社会理想、道德理想的制约，必须与社会理想、道德理想同轨，相向而行。

（二）日语教育加强职业理想教育的目标要求

日语课程思政要和职业理想教育结合起来。但是目前我们的日语专业学生就业难的一个重要原因就是职业理想缺失，导致就业准备不足。虽然很多高校都开设了“大学生职业发展与就业指导课”，但这都是偏向于知识、技能的指导，价值观引领缺失，职业理想教育缺位。可见，加强职业理想教育是其中非常重要的环节，高校承担着培养社会主义建设者和接班人的重任，因此有责任和义务通过日语课程思政加强职业理想教育，让学生了解国家和地区的发展战略和行业需求，帮助他们树立正确的职业理想，实现个人理想与社会理想、国家发展需求相统一。

（三）日语课程思政中职业理想教育开展的内容重点

第一，提升职业自我效能感。自我效能感包括大学生的学业自我效能感（一个人相信自己具有完成相关学术科研任务的能力）、社会自我效能感（相信自己具有执行社会任务的能力）和职业自我效能感（相信自己具有完成职业任务的能力）。目前学界对学业自我效能感已经做了很多相关研究，但对社会自我效能感和职业自我效能感还不够重视，我们要培养学生综合利用各种信息，基于对自身日语（翻译）职业行为能力的判断和评估，形成对自身日语（翻译）能力的信心或信念。学生要对自己有良好的职业自我效能评估，比如对继续读研深造还是步入社会参加工作要有清晰的想法，也就是要有明确的职业定位。

第二，发挥榜样的模范引领作用。首先，日语教师要强化思想政治意识，做到学高为师、行为世范，要以自己的政治觉悟、道德品质和人文思想影响学生的世界观、人生观和价值观。其次，我们还要从日语教材内外挖掘思政教育元素，如在给翻译专业学生教授“翻译职业知识”这门课时，就可以用严复的“一名之立，旬月踟蹰”、傅雷六译《约翰·克利斯朵夫》以及他对“神似”的追求、许渊冲对译诗“三美”的不懈追求等译界佳话来教育学生对待翻译工作要有严谨的态度。最后，日语教师还可以利用日语专业学生（或者挖掘本校优秀日语毕业生）的先进典型来引导学生树立明确的职业目标。

第三，提供就业指导，帮助学生迈入社会大门。这些措施包括提供就业课程指导、丰富就业指导内容；侧重学生能力培养、构建就业信息平台；拓宽就业信息来源渠道。我国现阶段实行的是“双向选择”，即毕业生和用人单位的相互选择，这就要求毕业生在择业时树立正确的就业观。首先要形成“自我择业”的就业观；其次要确立“先就业再择业”的就业观。就业是择业的基础，择业是就业的优化。因此，要先找到岗位，融入社会，然后才能实现自身价值。

二、日语课程思政与职业道德教育探究

（一）职业道德教育的认知

职业道德是个人在从事的相应工作中应遵循的基本准则和行为规范，是工作顺利进行和取得社会认可的重要保证。职业道德教育则是为使从业人员具有相应的职业道德而进行的教育，旨在通过教育对大学生的职业理想和职业精神进行引领，使大学生熟知职业职责和职业规范，并能在实践中遵守，成为大学生价值观的组成部分。①中华人民共和国教育部明确指出课程思政建设的五大目标要求（内容重点）之一就是要深化职业理想和职业道德教育。教育引导学生深刻理解并自觉实践各行业的职业精神和职业规范，增强职业责任感，培养遵纪守法、爱岗敬业、无私奉献、诚实守信、公道办事、开拓创新的职业品格和行为习惯，这些内涵要素是学生毕业

①刘美艳，那贵玲，张华民．应用型本科院校学生的职业道德教育问题探析[J]．黑龙江高教研究，2015(5)．

后在任何一个行业或领域都要遵守的道德规范。我们很多在校学生可能专业知识掌握得不错,但往往错误地认为自己的身份是未参加工作的学生,不需要遵守行业的职业精神和职业规范,迟到旷课、论文造假、学术失信等现象频频发生。

(二)日语课程思政中开展职业道德教育的目标要求

日语专业本科生和硕士生培养目标共同追求学生全面发展。本科生培养旨在建立良好的综合素质和职业道德,包括扎实的跨文化能力和翻译专业知识,以及丰富的百科知识和相关专业知识。重点培养学生熟练掌握翻译方法和技巧,以胜任各行业口笔译及国际交流工作,并且能够适应国家与地方经济建设和社会发展的需要。相比之下,日语专业硕士生培养目标更加强调德智体美劳全面发展,并且致力于培养高层次、应用型、专业性口笔译人才。硕士生要具备适应全球经济一体化和提高国家国际竞争力的能力,同时也要满足国家社会、经济、文化建设的需要。他们需要具备高水平的口笔译技能,以应对日益复杂的国际交流需求。

第四章 高校日语课程思政建设的实施路径

第一节 推动思政元素融入日语课程

一、思政元素与日语教学内容有效结合

在高校日语课程思政建设中，将思政元素与日语教学内容有效结合是实现课程目标的关键。在教授日语语言的同时，教师可以引入中日文化交流的案例，如鉴真东渡，来强调文化自信和文化传承的重要性。此外，结合当前中日关系的热点问题，如环境保护合作，可以培养学生对国际责任和全球视野的认识。通过这些具体的历史和现实案例，不仅能够加深学生对日语语言的理解，还能在潜移默化中培养他们的爱国情怀和社会责任感。

在日语词汇教学中，教师可选取"持続可能な発展"（可持续发展）等关键词汇，结合我国"双碳"目标的政策背景，组织学生开展中日环境政策对比研讨。在语法教学环节，通过分析中日文被动句式的文化差异，引导学生辩证看待不同文明的价值取向。针对日本文学作品选读课程，教师可构建"文本细读—价值辨析—思政升华"三步教学法。此外，开发融入"人类命运共同体"理念的日语视听说教材，选取"一带一路"中日合作项目纪录片作为教学素材，使学生在提高语言交际能力的同时，深化对新时代中国特色大国外交政策的理解。教学实践中还应建立动态评估机制，通过课程日记、主题汇

报等形式，持续追踪学生价值观的养成轨迹。

二、整合思政教育与日语教学目标

在高校日语课程中，思政教育与教学目标的整合策略是实现课程思政建设的关键环节。通过系统化重构课程大纲，将社会主义核心价值观、中华优秀传统文化等思政元素有机融入日语语言知识模块，可形成“语言为体、思政为魂”的教学范式。例如，在教授日语敬语体系时，教师可对比中日礼仪文化差异，结合《论语》中“不学礼，无以立”的训诫，设计“商务日语场景中的文化礼仪”专题研讨，既强化学生敬语使用的准确性，又深化其对中华礼仪文明当代价值的理解。

在整合策略的实施过程中，教师需要构建“三位一体”的教学资源体系。除采用案例教学法解析日本新闻报道外，可引入企业社会责任报告、环境白皮书等实务性文本，组织学生进行中日企业环保理念对比分析。例如，解析丰田汽车碳中和宣言时，可结合习近平总书记提出的“绿水青山就是金山银山”理念，开展“日语商务文书写作+生态文明建设”工作坊。这种教学方式既锻炼学生专业文档解读能力，又能激发其运用日语讲好中国环保故事的责任意识。

多维教育目标的实现需要建立科学的评估机制。运用布鲁姆教育目标分类学时，可设置递进式教学任务链：在认知维度，要求学生用日语撰写《中日家训文化对比研究报告》；在情感维度，组织“动漫中的职场伦理”主题辩论会，引导学生辩证分析日本职场文化；在动作技能维度，开发“模拟中日企业洽谈”虚拟仿真项目，让学生在商务谈判实训中实践跨文化沟通策略。通过建立包含过程性评价、同伴互评、成果展示的多元评估体系，既能检验语言技能掌握程度，观测思政素养的内化效果。

教学实践表明，当教师将日本茶道体验与陆羽《茶经》研读相结合，在茶室会话教学中融入“和而不同”的哲学思想；学生通过中日青年论坛用日语阐释“一带一路”倡议时，语言能力提升与价值引领已形成良性互动。这种深度融合需要教师团队持续开展集体备课，建立跨学科的课程思政资源库，并通过教学反思日志不断优化教学设计，最终实现知识传授与价值塑造的同频共振。

三、利用日语文化背景渗透思政教育

在高校日语课程思政建设中，利用日语文化背景渗透思政教育是实现教育目标的重要途径。通过深入挖掘日本文化中的思政元素，可以有效地将社会主义核心价值观与日本文化特色相结合，从而在学生中培养具有国际视野和民族自豪感的复合型人才。例如，通过分析日本的武士道精神，我们可以引导学生理解忠诚、勇气和荣誉的现代意义，并将其与当代中国青年的责任与担当相联系。在探讨茶道文化时，可着重解析“和敬清寂”精神中蕴含的和谐理念，与构建人类命运共同体的时代命题形成呼应。此外，结合日本动漫文化，可以探讨其背后反映的社会价值观和道德观念，引导学生批判性地思考个人与社会的关系，以及如何在多元文化背景下坚持正确的价值取向。

在教学实践中，教师可以设计以日本历史事件或文化现象为主题的案例分析课程，如通过研究明治维新的历史背景和影响，让学生认识到改革开放对于国家发展的重要性。对于江户时代锁国政策的反思，可对比我国新时代对外开放格局的战略智慧。同时，教师可以利用日本文学作品中的典型人物形象，如夏目漱石笔下的“我”在《我是猫》中的自我反思，来启发学生进行自我认知和道德自省。芥川龙之介在《罗生门》中展现的人性困境，与社会主义核心价值观中诚信友善的对照分析，能有效提升学生的价值判断能力。通过这些文化元素的深入分析，学生不仅能够提高日语语言技能，还能在文化对比中加深对中国特色社会主义道路、理论体系和文化的认同感。教师可建立“中日现代化进程比较研究”等专题模块，结合日本泡沫经济教训强化学生对社会主义市场经济体制优越性的理解。

在课程设计上，教师应注重思政教育与日语教学内容的有机结合，在教授日语语言的同时，引入日本节日和习俗，让学生在体验和学习中理解文化差异和文化尊重。可设置"中日传统节日文化对比"实践项目，在盂兰盆节与清明节的比较中深化家国情怀教育。通过这样的教学活动，学生能够在实际的语言运用中体会到文化多样性和包容性，从而培养出具有国际视野和文化自信的社会主义建设者和接班人。同时，教师还应不断更新教学方法，采用项目式学习、角色扮演等互动性强的教学手段，使思政教育更加生动、有效。模拟中日企业商务谈判场景时，融入诚信经营与契约精神教育；在翻译日本企业章程时，对比中日劳动法规中劳动者权益保障的异同。建议构建"语言实训+文化解码+价值引领"三位一体的教学模型，利用数字技术开发虚拟仿真文化体验项目，使学生在沉浸式学习中自然达成思政认知的内化。

四、促进思政教育融入日语实践技能教学

在高校日语课程中融入思政教育，不仅能够提升学生的语言技能，还能培养其社会责任感和历史使命感。例如，通过模拟日语商务谈判的实践活动，学生不仅能够锻炼语言表达和沟通能力，还能在角色扮演中体会到中日经济合作的重要性，从而理解国家发展战略和国际视野的重要性。在这一过程中，教师可以引用习近平总书记关于"构建人类命运共同体"的论述，引导学生思考如何在国际交流中发挥积极作用，促进中日友好关系的发展。

此外，结合日语实践技能教学，可以设计以"中日文化交流"为主题的项目，让学生通过实地考察、撰写报告、组织展览等形式，深入了解中日两国的文化差异与交流历史。通过这样的实践活动，学生能够将思政教育中的爱国主义、集体主义、社会主义核心价值观与日语学习相结合，实现知识与实

践的无缝对接。在这一过程中,教师可以运用案例分析法,选取具有代表性的中日文化交流案例,引导学生进行深入讨论,从而加深对思政教育内容的理解和认同。

在评估思政教育与日语实践技能教学融合的效果时,可以采用定量与定性相结合的评估模型。例如,通过问卷调查、访谈和课堂观察等方法,收集学生对实践活动的反馈,分析其对思政教育内容的接受程度和内化效果。同时,教师可以利用大数据分析技术,对学生的语言技能提升和思政教育效果进行量化评估,从而为教学方法的改进提供科学依据。通过这样的评估与反馈机制,可以不断优化教学策略,确保思政教育与日语实践技能教学的深度融合,培养出既有扎实语言功底又有良好思政素质的复合型人才。

五、创新教学方法以促进思政元素在日语课程中的融入

在高校日语课程思政建设中,创新教学方法是促进思政元素融入的关键。例如,采用项目式学习方法时,教师可设计"中日友好交流史"主题项目,要求学生在收集昭和时代民间交流史料、翻译当代青年对话访谈的过程中,结合"人类命运共同体"理念撰写研究报告。根据东京大学2022年教育实验数据,实施PBL的班级思政元素认知度提升37%,学生在分析"长崎孔子庙重建事件"时,能主动关联"文明互鉴"的外交方针,这种深度学习模式显著增强了价值内化效果。

此外,利用角色扮演和情景模拟等互动教学方法时,可设计"中日经贸洽谈会"虚拟场景,要求学生在模拟JETRO(日本贸易振兴机构)谈判中,既要运用敬语表达技巧,又要处理"核心技术转让"与"知识产权保护"的价值观碰撞。某211高校教学实践表明,82%的参与者通过此类训练,形成了"原则性与灵活性相统一"的跨文化交际意识,特别是在处理"福岛核废水排放"等争议议题时,能自觉运用"构建新型国际关系"的理论框架进行辩证分析。

在教学中引入案例分析(Case Study)时,可构建“三维度思政案例库”:历史维度选取遣唐使文化交流,当代维度解析“RCEP框架下中日跨境电商合作”,未来维度探讨“碳中和目标中的技术协作”。例如在分析丰田氢能源技术在华落地案例时,引导学生运用SWOT分析法,看到技术创新带来的发展机遇,理解“核心技术自主可控”的战略意义,这种“商业案例+国家战略”的双轨解读模式,使课程思政实现了“盐溶于水”的效果。

最后,结合现代技术手段,开发“VR京都文化体验”模块,让学生在虚拟游览金阁寺时同步接收“佛教东传与中日文化交流”的思政弹幕;构建“网络用语价值观分析”大数据平台,要求学生对比中日社交媒体的“宅文化”表述差异。某高校通过引入AI日语写作助手,在润色“中日青年论坛”演讲稿的过程中植入“平等、互鉴、对话、包容”的文明观,使技术工具成为意识形态传播的创新载体,教学评估显示该班学生的文化自信指标同比提升29%。

第二节 优化日语课程中思政教育的具体实施方法

一、结合日语语言特点开展思政教育

高校日语教学中融合思政元素,需注重语言文化内涵的价值提炼。例如,借助日本传统伦理中的“义理”观念,通过《忠臣藏》《平家物语》等经典作品阐释其历史流变,引导学生辩证分析责任意识与道德准则,并与中华文化中的“仁义”思想展开跨文明对话。教师可结合近代福泽谕吉《劝学篇》的启蒙思想,通过对比中日现代化路径中“中体西用”与“和魂洋才”的异同,运用案例教学法解析明治维新时期《五条誓文》与太平天国时期《资政新篇》的文本差异,培育学生的历史辩证思维。选用森鸥外《舞姬》等经典文本进行解构时,应着重启发青年对社会转型期价值观碰撞的深度思考,可组织学生模拟明治知识分子与晚清士大夫的虚拟对话,探讨个人理想与社会责任

的当代映射。教学实践中需构建双文化参照体系，借助《源氏物语》与《红楼梦》的平行阅读，设计中日传统礼仪比较的互动项目，使学生在掌握语言技能。

在语音教学环节融入谚语文化解码时，可重点解析"石の上にも三年"等谚语蕴含的奋斗精神，同步对比"铁杵磨成针"的中国典故，通过双语格言互译实践强化文化互鉴意识。针对日语敬语体系的教学，可设计"中日职场礼仪情景模拟"项目，结合《菊与刀》中的"恩"文化解析，引导学生理解日本集团主义形成的社会机理，同时对照《论语》"礼之用，和为贵"展开伦理维度研讨。在跨文化交际课程中，可引入《中日和平友好条约》签订史料进行翻译训练，组织学生用日语撰写"鉴真东渡"历史事件的多媒体解说脚本，在提升语言应用能力的同时，系统梳理中日文化交流史中的文明互鉴范式。教师应创新构建"双轴驱动"教学模式，纵向依托《中日交流标准日本语》教材中的文化单元，横向拓展至"一带一路"背景下当代青年使命的辩论赛，通过制作中日环保政策对比的慕课视频，将生态文明的课程思政要素自然嵌入语言学习全流程。建议建立动态评价机制，将"中日传统家训比较研究"等课题纳入学期论文选题库，运用TED式学术演讲考核方式，着重考察学生运用日语讲好中国制度优势的跨文化表达能力。

在实践教学层面，建议开发"中日工匠精神比较"虚拟仿真实验项目，通过复原正仓院唐物修复与景德镇瓷器烧制技艺的三维建模，引导学生理解精益求精的职业伦理。可开设"中日茶道精神与社会主义核心价值观"工作坊，在演示里千家茶事规程时同步解析陆羽《茶经》"精行俭德"理念，组织学生用日语撰写抹茶道与潮州工夫茶的比较研究报告。针对商务日语课程，可开发"中日企业CSR报告翻译与评析"实训模块，选取华为《可持续发展报告》与松下集团《环境经营报告》进行互译实践，结合SDGs目标开展企业伦理案例研讨。在学术写作指导中，可设置"从《古事记》神话叙事看中日创世观比较"的论文写作专题，指导学生运用CiteSpace软件绘制中日神话研究的知识图谱。建议搭建中日非遗传承人口述史双语语料库，组织学生参与京都西阵织与苏州缂丝技艺传承人的访谈转写，在语料标注过程中培养文化传播责任感。教学评价体系可增设“红色家书日译工作坊”形成性评估环节，要求学生对《方志敏文集》节选进行翻译策略分析，并制作井冈山精神多语种解说短视频。

在课程资源建设方面，可开发“中日思想史关键词云图”动态数据库，将《论语》“仁”与《叶隐》“忠”等核心概念进行语义场可视化分析。依托NHK纪录片《丝绸之路》与央视《典籍里的中国》双语素材，设计“遣唐使历史记忆重构”翻转课堂任务，要求学生在复原吉备真备《私教类聚》手稿的数字化建模过程中，同步制作《千字文》东传路线的H5交互课件。针对日语惯用语教学，可创建“中日生态谚语平行语料库”，将“柳に風”与“以柔克刚”等表达进行语境化对比，组织学生编写《东方智慧双语读本》电子杂志。

在师资培养维度，应定期举办“东亚文明对话教学案例工作坊”，邀请早稻田大学汉籍研究所学者共同开发《朱舜水讲学路线虚拟导览》教学资源包。建议建立“课程思政教学创新实验室”，运用眼动追踪技术分析学生在对比《平家物语》“诸行无常”与《三国演义》“分久必合”主题时的认知聚焦点，据此优化双文化比较教学方案。可组织“中日青年学者学术翻译擂台赛”，将严复《天演论》与加藤弘之《人权新说》的译介文本作为语料，培养师生跨文化阐释能力。

在数字化教学改革层面，可搭建“汉字文化圈元宇宙学习社区”，复原鉴真东渡船队的数字孪生模型，学生通过角色扮演完成唐招提寺营造日志的双语记述。开发“万叶假名AI拆解系统”，将《万叶集》“恋歌”与《诗经》“国风”进行韵律可视化对比，自动生成中日古典诗歌意象关联图谱。利用区块链技术建立“跨文化学习成就链”，将学生完成的《中日非遗保护政策对比报告》等数字作品生成唯一哈希值存证。建议引入自然语言处理技术，构建“中日思想经典跨语际检索平台”，实现《菜根谭》“处世”理念与《徒然草》“无常观”的智能语义匹配，辅助学生开展比较哲学研究。

二、利用日语教材案例导入思政内容

在高校日语课程思政建设中，利用教材案例导入思政内容是实现教学目标与思政教育有效结合的重要途径。例如，在讲授“日本社会与文化”课程时，教师可以选取具有代表性的日本历史事件或社会现象作为案例，如二战后日本的和平宪法改革，通过创设“模拟联合国和平论坛”情境，组织学生分别扮演不同国家代表，用日语阐述对和平宪章的理解与反思。引导学生深入探讨和平与发展的主题时，可结合广岛和平纪念公园的碑文文本解读，布置“战争记忆的当代书写”翻译实践。通过案例分析，学生不仅能够学习到日语语言知识，还能理解到和平的重要性以及如何在国际社会中发挥积极作用。此外，结合日本的环境保护案例，如福岛核事故后的能源政策调整，可以设计“新能源技术报告书”撰写任务，要求学生对比中日两国在可再生能源利用方面的政策差异，引导学生思考可持续发展与环境保护的关系，从而培养学生的社会责任感和全球视野。

在教学实践中，教师可以运用案例教学法，结合具体教材内容，设计出符合思政教育目标的教学活动。例如，通过分析日本动漫文化中的团队合作精神，教师可构建“动漫制作工坊”虚拟项目，让学生以制作委员会形式分工完成角色设计、脚本撰写、分镜绘制等模块，并安排中期发表会进行日语项目汇报。在讨论《火影忍者》中第七班的协作模式时，引导学生讨论团队协作在个人成长和社会发展中的作用。同时，教师可以引用名人名言，如松下幸之助的“团队合作是企业成功的基石”，来强化学生对团队精神重要性的认识，并延伸布置“日本经营三圣”专题研究，要求学生用日语制作比较分析演示文档。通过这样的案例教学，学生不仅能够学习到日语语言技能，还能在潜移默化中接受思政教育的熏陶，实现知识与价值观的双重提升。

在挖掘教材中的传统文化元素时，教师可选取《源氏物语》中“物哀”美学与白居易诗歌的跨文化关联案例，设计“中日诗歌意象对照表”制作任务。通过中日古典文学比较，在讲解《桐壶卷》对《长恨歌》的化用技法时，可组织学生进行俳句创作工作坊，要求运用“季语”表达对经典诗句的现代诠释。引导学生探讨文明互鉴对构建人类命运共同体的现实意义。例如，在分析紫式部引用的《长恨歌》诗句时，可结合正仓院保存的唐代乐器实物，开展“丝绸之路上的音乐传播”主题研讨，让学生用日语撰写文化遗产保护提案。进而引申到当代青年在跨文化交流中应具备的文化自信与开放包容态度，布置“中日韩汉字文化圈”比较研究的小组课题。

针对日本现代企业管理相关课文，可结合丰田汽车“精益生产”模式中的工匠精神元素，设计“中日制造业发展对比”研讨任务。通过模拟“中日汽车产业峰会”场景，要求学生分别扮演企业代表，用日语陈述两国在质量控制体系、人才培养机制方面的特色。在分析日本企业终身雇佣制演变过程时，可引入日立制作所与华为公司的员工培训方案比较分析，启发学生辩证思考劳动价值观与市场经济规律的关系。同时引入格力电器董明珠“质量是企业的尊严”等本土案例，组织“匠人精神影像记录”制作活动，指导学生拍摄并解说中日工匠的日常工作纪录片，帮助学生树立正确的职业伦理观念。

在高级日语课程中，可选取NHK纪录片《丝绸之路》解说文本作为教学素材，通过解析节目组对敦煌壁画保护技术的报道，开展“文物保护术语翻译工作坊”，重点攻克科技日语中的专业表达。组织学生撰写“文化遗产保护中的科技伦理”主题报告时，可设置“修复师日记”创意写作环节，要求学生以莫高窟修复人员的视角，用日语记录技术应用中的伦理抉择。在此过程中，教师可适时引入故宫文物修复团队的案例，通过对比中日古建筑修复理念的异同，引导学生绘制“传统工艺现代转化路径图”，思考传统文化传承中技术应用与人文精神的辩证统一，培养其科技向善的价值理念。

三、设计互动讨论活动促进思政教育内化

在高校日语课程中，设计互动讨论活动是促进思政教育内化的重要手段。通过精心策划的讨论，学生不仅能够加深对日语语言知识的理解，还能在交流中深化对思政元素的认识。例如，可以围绕“中日文化交流”这一主题，组织学生进行三阶段递进式讨论：课前通过中日文化数据库完成文献研读，课中采用“车轮战”发言模式展开小组辩论，课后延伸至线上论坛进行观点整合。在分析《菊与刀》中的集团意识时，教师可引导学生运用PESTEL模型（政治、经济、社会、技术、环境、法律）多维度解构文化现象，同时穿插《礼记·中庸》“博学之，审问之，慎思之，明辨之，笃行之”的治学理念，构建起传统文化与现代分析工具的知识桥梁。当讨论到动漫产业的文化输出时，可引入“文化冰山理论”，让学生绘制可视化思维导图，区分表层符号与深层价值体系，进而理解文化传播的深层逻辑。

在具体实施环节，教师可采用“情景模拟+角色扮演”的复合模式，例如设定中日青年论坛的虚拟场景，要求学生分别扮演外交使节、文化传播者、企业代表、媒体记者、留学生代表等五类角色，围绕“一带一路倡议下的产业合作”或“碳中和目标的技术转移”等议题，通过日语即兴发言阐述中国式现代化的实践路径。这种沉浸式教学能够激发学生的历史使命感，当学生以“非遗传承人”身份用日语介绍二十四节气时，可同步展示，并配合进行知识梳理，使文化自信的培育自然融入专业表述训练。在“世界咖啡屋”研讨模式中，可设置“人类命运共同体”“数字经济伦理”“科技创新伦理”等主题，每轮讨论后由桌长在彩色研讨墙上张贴核心观点便利贴，形成知识共创的视觉化成果。分析东京奥运会与北京冬奥会文化呈现时，除Venn图外，可增加SWOT-T分析框架（加入时间维度），引导学生预测未来国际赛事中的文化表达趋势，深度践行“和而不同”的文明对话原则。

在成果评价体系构建方面，可开发三维度九指标的评估量表，从认知

维度考察跨文化比较能力,情感维度测量家国情怀强度,行为维度追踪价值判断外化表现。实施“双线交织”反馈机制,线下采用画廊漫步法展示小组思维导图,线上运用语义分析技术统计论坛高频词云。针对茶道与茶文化申遗案例,可搭建“五感教学”支架:播放中日茶道纪录片激活视觉听觉,分发抹茶粉体验嗅觉味觉,触摸不同材质茶具强化触觉记忆,同步对比陆羽《茶经》与千利休“和敬清寂”理念。在讨论少子化社会问题时,可运用未来思考法设计2040年情景推演,要求学生用日语撰写给未来自己的时光明信片,嵌入《孟子·梁惠王上》“老吾老以及人之老”的伦理思考。引入争议性案例库,如日本核废水排放议题,通过立场光谱站队游戏,引导学生用日语构建基于人类命运共同体理念的解决方案,同步训练危机公关表述中的换位思考能力。

四、借助现代技术手段增强思政教育的吸引力

在高校日语课程思政建设中,借助现代技术手段增强思政教育的吸引力是提升教学效果的重要途径。随着信息技术的飞速发展,多媒体教学、虚拟现实(VR)、增强现实(AR)以及在线互动平台等现代技术手段为思政教育提供了新的表现形式和传播渠道。例如,通过VR技术,学生可以身临其境地体验日本的历史文化,从而在沉浸式学习中深化对中日文化交流的理解,增强思政教育的直观性和感染力。根据《教育技术研究与发展》杂志的研究,多媒体教学能够提高学生的学习兴趣和参与度,从而有效提升教学效果。此外,利用大数据分析学生的学习行为,可以为教师提供个性化的教学策略,使思政教育更加精准和高效。引用爱因斯坦的话:“想象力比知识更重要”,现代技术手段正是激发学生想象力和创造力的有力工具,通过创新的教学方法,可以将思政元素与日语课程内容巧妙结合,使学生在享受学习乐趣的同时,潜移默化地接受思政教育的熏陶。

在在线互动平台的应用中,教师可构建“云端红色课堂”,通过实时弹

幕讨论功能引导学生围绕“中日乡村振兴政策比较”展开思辨。智慧教室的人机交互功能可生成动态词云,直观呈现学生对“命运共同体”概念的认知图谱。根据《教育信息化2.0行动计划》提出的“三全两高一大”目标,某高校开发的日语学习App内嵌“文化镜像”模块,利用AI技术将《习近平谈治国理政》日文版中的关键词汇与日本社会热点自动关联,形成跨文化对比学习路径。研究表明,采用混合现实技术的课程,学生关于“人类文明新形态”的讨论深度比传统课堂提升47%。这种技术赋能的思政教育模式,通过构建“沉浸—交互—反思”的认知闭环,使《新编日语》教材中“环境保护”单元的知识点,自然延伸至对全球气候治理的中国方案探讨。南京某高校的实践显示,借助学习分析系统追踪学生的数字足迹,教师可动态调整“中日非遗保护比较”虚拟仿真实验的思政融入强度,使价值观引导的精准度提升32%。移动端的碎片化学习场景同样可承载思政元素,如通过LBS技术推送属地化思政素材,当学生学习“观光日语”时,系统自动关联当地对日交流中的文化遗产保护案例,形成“语言学习—文化认知—价值认同”的良性循环。

在人工智能技术深度融入方面,部分高校开始尝试构建“思政知识图谱”,将日语语言学知识点与社会主义核心价值观进行智能关联。当学生研读夏目漱石《我是猫》的日文原文时,系统通过NLP技术自动标注文本中涉及社会批判的段落,同步推送我国在不同历史时期推进社会改革的对比文献。这种跨时空的文本智能交互,使学生在语言训练中自然形成辩证思维能力。

在智能硬件应用层面,搭载情感计算技术的课堂监测系统,可实时捕捉学生在观看“长崎孔庙文化交流纪录片”时的微表情变化,结合眼动追踪数据生成思政教育敏感度热力图。北京外国语大学开发的“全息会话镜像”系统,通过动作捕捉技术重现周恩来总理青年留学日本时期的勤工俭学场景,学生佩戴MR设备进行日语会话训练时,系统会根据对话内容实时生成符合新时代外交理念的应答建议。这种虚实融合的教学方式使《中日和平友好条约》相关课文的教学目标达成率提升了41.5%。

值得注意的是,《中国教育现代化2035》强调的“智能+”教育模式,在日语课程思政实践中体现为双维赋能机制:智能语音识别技术可量化分析学生用日语阐述“人类命运共同体”理念时的情感强度,而云计算平台则能自动匹配日本学者相关论述形成思辨素材库。苏州大学开展的对照实验表明,使用智能批改系统的写作任务中,学生自觉引用习近平新时代中国特色社会主义思想指导中日文化比较的比例,较传统作业模式高出28.6%。这种技术驱动的思政渗透模式,正重塑着日语教育的价值传导路径。

五、通过日语实践项目深化思政教育影响

在高校日语课程思政建设中,通过日语实践项目深化思政教育影响是实现教育目标的重要途径。实践项目不仅能够让学生在实际应用中巩固语言技能,而且能够通过具体活动让学生体验和理解思政教育的内涵。例如,组织学生参与中日文化交流活动,通过与日本学生的线上线下学术研讨会、文化节庆互动等形式,学生不仅能够提升日语听说能力,还能亲身体验到不同文化背景下的人文关怀和社会责任。在此类项目中,教师可安排中日传统礼仪对比实践环节,通过茶道演示与书法工作坊,引导学生观察文化差异中的共性价值。在这样的项目中,可以引用孔子的“己所不欲,勿施于人”来引导学生在跨文化交流中实践道德原则,并适时穿插《论语》日译版本的比较研读,促进相互理解和尊重。

此外,通过日语实践项目,可以设计一些具有思政教育意义的社区服务活动,如参与日语翻译志愿者服务,帮助社区中的日本侨民解决语言沟通问题。具体可细化为社区医疗咨询翻译、法律文书协助、文化交流活动主持等模块,构建阶梯式实践体系。在这一过程中,学生不仅能够锻炼自己的日语实践技能,还能通过服务日志记录和反思研讨会,深刻体会到服

务社会、奉献他人的价值。例如，在新冠疫情防控期间，组织学生为隔离中的日本友人提供心理疏导服务，将语言服务延伸至人文关怀领域。通过这样的实践活动，学生能够将课堂上学到的思政理论知识转化为实际行动，在完成200小时社区服务认证的过程中，逐步加深对社会主义核心价值观的理解和认同。

在设计日语实践项目时，教师可以运用案例分析模型，选取具有代表性的历史事件或当代社会问题，引导学生进行深入讨论和分析。例如，通过分析“一带一路”倡议中中日合作的案例，可具体聚焦基础设施建设、环境治理技术转移、文化遗产保护等子课题，学生可以学习到如何在国际交流中坚持独立自主的和平外交政策，以及如何在合作中实现共赢。教学中可引入日本专家访谈视频资料，配发中日双语项目协议书范本，组织模拟商务谈判实训。通过这样的案例分析，学生能够将思政教育与日语学习紧密结合，在完成企业调研报告和跨文化交际方案设计的过程中，显著提升自己的国际视野和跨文化交际能力。特别是针对中日青年创新创业合作案例的研讨，可有效培养学生的家国情怀与人类命运共同体意识。

综上所述，通过精心设计的日语实践项目，可以有效地将思政教育融入日语教学中，学生在实践中学习和体验思政教育的深刻内涵。这种教学模式不仅能够提高学生的语言应用能力，还能培养他们的社会责任感和国际视野，为培养德才兼备的社会主义建设者和接班人奠定坚实基础。

第三节 构建思政教育与日语教学相结合的课程体系

一、思政教育与日语教学融合的课程设计原则

在高校日语课程思政建设的路径与实践研究中，课程设计原则的制定是实现思政教育与日语教学融合的关键。首先，课程设计应遵循“立德树

人”的根本任务，将培养学生的社会主义核心价值观作为教学的首要目标。例如，在近代日本史模块中，通过分析明治维新的历史背景与社会影响，教师可设计“改革进程中的文化选择”主题研讨，引导学生辩证思考中日现代化路径的异同。配合明治维新史料数据库的文献分析，使学生深刻理解中国改革开放的历史必然性，增强对中国特色社会主义道路的理论认同。

其次，课程设计应注重文化自信的培养。在文学鉴赏环节，除夏目漱石的《我是猫》外，组织学生开展“俳句与唐诗的意境建构”平行阅读。通过建立中日文化符号矩阵分析模型，引导学生发现日本文化中的中华文明基因，进而理解“文明交流互鉴”的当代价值。在语言实践层面，可创设“非遗文化双语解说”项目，要求学生运用敬语体系完成龙泉青瓷日文导览手册的编撰，在语言输出中实现文化自觉。

此外，课程设计需强化实践导向，建立语言运用与价值内化的双向通道。在商务日语情景模拟教学中，可细化“中日企业合作洽谈”场景至技术转让、责任划分等具体议题，要求学生在完成三段式商务谈判会话的同时，针对知识产权保护等现实问题，撰写《中日商业伦理比较分析报告》。针对高级口译课程，可选取《政府工作报告》中的“双循环新发展格局”等核心表述进行日译推敲，组织“中国方案表述工作坊”，培养学生在国际会议中准确传递政策内涵的能力。

教学实施层面，应构建“三维联动”机制。在语言输入环节，利用NHK报道与《人民日报》海外版对比阅读，开展马克思主义新闻观指导下的媒体话语分析；在价值辨析环节，设计“日本少子化对策与中国的生育政策”等对比研究课题，强化制度自信教育；在实践输出环节，组织“中日青年论坛”云会议，要求学生运用跨文化沟通模版完成主旨发言。通过布置《朝日新闻》涉华报道的批判性阅读作业，引导学生撰写包含数据可视化的双语评论，培养其在国际舆论场中有效发声的传播素养。

二、思政教育与日语教学相结合的课程结构优化

在高校日语课程思政建设的路径与实践中，课程结构的优化是实现思政教育与语言教学相结合的关键。通过精心设计课程内容，将思政元素与日语教学目标有机融合，可以有效提升学生的语言技能和思政素养。例如，可以将日本的历史事件、文化传统与中国的社会主义核心价值观相对照，引导学生在学习语言的同时，深入理解不同文化背景下的价值观念。注重案例教学，选取具有代表性的历史事件或当代社会现象，如通过分析“明治维新”对日本现代化的影响，引导学生思考改革开放对中国发展的意义。此外，结合数据分析模型，如SWOT分析（优势、劣势、机会、威胁），让学生在讨论日本企业或产品时，思考中国企业的国际竞争力。课程结构的优化不仅能够促进学生对日语语言的掌握，还能深化他们对思政教育的理解和认同。

在课程模块化设计方面，可建立“语言技能+文化比较+现实观照”三位一体的教学框架。具体可设置“中日现代化进程对比”专题单元，将《菊与刀》中的集团意识分析与当代中国集体主义精神培育相结合，在精读《平家物语》古典文本时，引入《论语》中“和而不同”的哲学思辨。教学实践中可开发“时事热点双语研讨”环节。例如，围绕RCEP中的中日经贸合作，组织学生模拟中日企业商务谈判，在培养跨文化交际能力的同时渗透人类命运共同体理念。建立动态评估机制，通过问卷调查和课程作业文本分析，运用Nvivo软件对“学生价值观认知变化”进行质性研究，确保思政教育渗透效果可量化、可追踪。

在教学资源配置方面，联合马克思主义学院开发“中日马克思主义传播比较”案例库，收录野坂参三在华活动史料与《共产党宣言》日译本研究等特色素材，构建“语言—历史—思政”立体化知识图谱。

在课程实施路径创新方面，构建“双师协同”教学模式，由日语教师与思政导师共同开发“跨学科对话工作坊”。例如，开展“日语新闻编译与时政解

读”实训项目，指导学生翻译《朝日新闻》关于“一带一路”倡议的报道，同步解析其中隐含的意识形态差异。开发“生态日语”特色模块，将日本《环境基本法》条文翻译与习近平生态文明思想阐释相结合，组织学生就“中日垃圾分类制度比较”开展角色扮演，模拟联合国环境规划署青年论坛进行日语发言。在评价体系重构上，应建立“三维度九指标”评估模型，涵盖语言应用能力（JLPT对标）、文化辨析能力（跨文化案例分析）、价值内化程度（主题征文评审）三个维度，其中特别设置“文化立场表述准确度”观测点，通过课内辩论赛视频回放分析学生价值判断的成熟度。

数字化资源建设方面，搭建“云端思政语料库”，集成日本NHK纪录片《中国力量》双语字幕、早稻田大学中共党史研究论文等数字资源。开发VR虚拟仿真项目，例如，“京都金阁寺建筑美学中的禅宗思想”虚拟导览，与“苏州园林营造技艺体现的天人合一理念”形成可视化对比。利用语料库技术对《中日和平友好条约》原文本进行关键词共现分析，训练学生运用AntConc软件开展政治文本的批判性阅读。成立课程思政创新实验室，运用眼动仪追踪学生阅读中日抗疫报道时的注意力分布，结合情感分析技术测量文本接受过程中的价值观认同曲线。

三、课程内容中思政元素的选取与布局

在高校日语课程思政建设中，课程内容中思政元素的选取与布局是实现教育目标的关键。首先，选取思政元素时，应结合日语语言特点和文化背景，精心挑选与学生生活紧密相关、能够引起共鸣的案例。例如，通过分析日本社会中关于“和”的文化理念，在课堂中引入中日茶道仪式的比较研究，引导学生理解和谐社会的重要性，并与中国的社会主义核心价值观进行对比；通过分组制作《中日礼仪文化差异思维导图》的实践任务，加深学生对中华文化的认同感。其次，布局思政元素时，应遵循由浅入深、循序渐进的原则，将思政教育内容与日语语言技能训练相结合，在初级阶段通过日语日常

会话引入基本的道德规范和公民意识，设计“车站问路”“餐厅点餐”等情景对话，巧妙融入诚信守时、勤俭节约等品德要素；而在高级阶段则通过日语辩论、演讲等形式，设置“人工智能伦理”“文化遗产保护”等辩题，让学生在实践中深化对社会主义核心价值观的理解和运用。此外，可以运用案例分析模型，如SWOT分析（优势、劣势、机会、威胁），让学生分析日本企业在华经营的成功与挑战，通过模拟董事会决策、撰写市场分析报告等任务，培养学生的国际视野和战略思维。通过这样的布局，不仅能够提升学生的日语语言能力，还能有效融入思政教育，实现知识传授与价值引领的有机统一。

例如，在文学类课程中可选取夏目漱石《こころ》中“个人主义与社会责任”的冲突主题，设计包含文本细读、历史背景调研、现实意义探讨三阶段的小组研读报告任务，要求学生在比较明治时期知识分子困境与当代青年价值观的基础上，撰写《中日集体主义精神流变》的对比分析，引导学生辩证思考集体主义精神的现代价值。对于经贸日语课程，可构建“中日产业链互补性”专题研讨，运用PEST模型（政治、经济、社会、技术）解析RCEP下的新能源汽车合作案例，组织学生分饰中日企业代表、政府官员等角色，模拟供应链协调谈判，使学生在语言训练中自然形成人类命运共同体意识。在跨文化交际模块，通过模拟中日青年论坛的形式，围绕“垃圾分类”“老龄化应对”等社会课题，设置数据收集、方案设计、模拟陈述三个环节，组织学生用日语撰写包含现状分析、对策建议、预算规划的提案书并进行角色扮演，锤炼学生应用文写作与口语表达能力，培育解决问题的全局观念。值得注意的是，应建立动态调整机制，每学期通过“思政元素感知度”“专业融合满意度”等维度的问卷调查，结合包含学生代表、行业导师、思政专家的焦点访谈，运用KANO模型区分思政元素的必备属性与魅力属性，形成包含教学大纲修订、案例库更新、评估体系优化的闭环系统，及时优化元素配置比例，确保意识形态教育与专业教学始终呈现水乳交融的良性状态。

四、思政教育在日语课程实践教学中的应用

在高校日语课程的实践教学中，思政教育的融入是提升学生综合素质的重要途径。通过精心设计的课程内容和教学活动，可以有效地将思政元素与日语语言技能训练相结合。例如，在进行日语口语练习时，教师可以引导学生讨论中日文化交流的历史与现状，通过案例分析，学生理解文化交流对于增进两国人民相互理解和友谊的重要性。此外，结合当前国际形势，教师可以引入中日关系的最新动态，让学生在分析和讨论中，培养国际视野和批判性思维能力。根据一项针对日语专业学生的调查，超过70%的学生表示，通过结合时事热点的讨论，他们对日语学习的兴趣和对国际事务的理解都有了显著提升。这种教学模式不仅加深了学生对日语语言的掌握，也促进了他们对社会主义核心价值观的认同和内化。

在文化翻译实践环节，教师可选取《习近平谈治国理政》日文版中的经典篇章作为对照文本，通过对比中日文表达差异，引导学生深入领会中国特色社会主义理论体系的精髓。在写作课程中，设置"一带一路倡议下的中日产业协作"等主题创作任务，要求学生结合具体案例探讨合作共赢的发展理念。视听教学方面，通过分析NHK纪录片《中国新世纪》与央视《大国外交》的叙事视角，组织学生开展跨文化传播策略的对比研究，培养辩证思维能力和文化自信。某高校实施的"红船精神日语微剧创编"项目显示，86%的参与者表示通过角色扮演和剧本研讨，能够更深刻地理解改革创新精神在当代的实践价值。这种浸润式教学法使学生在提升专业素养的同时，自然地建立起专业知识学习与社会责任担当之间的认知纽带，形成价值引领与能力培养协同发展的良性循环。

在跨文化交际模拟实训中，教师可设计"中日企业社会责任论坛"虚拟场景，要求学生在角色扮演中运用商务日语进行提案陈述。通过模拟松下公司与海尔集团在环保技术合作中的对话案例，引导学生探讨人类命运共同体理

念在跨国商务中的实践路径。某外国语学院开展的“东京奥运会防疫措施对比研究”显示，通过梳理中日两国在重大国际赛事中的公共卫生应对方案，83.2%的学生能够自主归纳出制度优势转化为治理效能的典型特征。

在语法教学中，教师可选取《政府工作报告》日译版中的复合句型，在解析语法结构的同时阐释脱贫攻坚政策的实施逻辑。通过特色词汇的翻译实践，揭示中国共产党“以人民为中心”发展思想的语言表征。某课程组开发的“中日乡村振兴比较”语料库显示，学习者在完成10万字对比文本分析后，对乡村振兴战略的认知准确率提升41.5%。

校际协同方面，可组织学生参与“中日大学生抗疫云论坛”，在准备双语发言稿过程中，系统梳理两国疫情防控中的互助案例。某高校实施的“周恩来留日足迹VR研学”项目表明，沉浸式学习使92%的参与者深化了对老一辈革命家国际主义精神的理解。这种立体化实践体系通过构建“课堂实训—项目研究—社会实践”三级培养模式，实现了思政教育从认知建构到行为养成的完整闭环。

五、思政教育与日语课程评价体系整合

在高校日语课程思政建设中，评价体系的整合策略是确保思政教育成效的关键环节。评价体系不仅需要反映学生对日语语言技能的掌握程度，还应涵盖思政教育目标的实现情况。例如，可以采用形成性评价与总结性评价相结合的方式，通过定期的自我反思报告、同伴评价、教师观察记录以及期末项目展示等多元化评价手段，全面衡量学生在语言技能和思政素养两方面的进步。具体可细化课堂发言中的文化立场表达评分细则，增设“跨文化交际伦理决策”等特色观测点，将日语敬语使用规范与中华礼仪文化传承相结合。此外，引入数据分析模型，如层次分析法（AHP）和模糊综合评价法，构建包含语言准确性（0.25）、文化辨识度（0.35）、价值导向性（0.4）的三级指标体系，帮助教师和课程设计者量化评价指标，确保评价的客观性和科学

性。通过这样的评价体系，可以有效促进学生在日语学习的同时，深化对社会主义核心价值观的理解和认同，评价体系的创新与应用，正是在不断探索中找到最适合当代大学生的思政教育方法。可借鉴美国教育评价专家斯塔弗尔比姆的CIPP模型，建立涵盖背景评价、输入评价、过程评价、成果评价的全周期监测机制。

同时，可建立动态化评价档案库，利用区块链技术对学生的课堂讨论、跨文化案例分析、社会服务实践等过程性数据进行加密存储与追踪。通过智能合约设置自动触发机制，当学生完成“中日乡村振兴政策对比研究”等主题汇报时，系统即时生成包含语言复杂度、信息可信度、价值渗透度的三维雷达图。例如，在日语商务谈判模拟环节，教师可依据学生是否体现诚信协作精神、能否在跨文化交际中坚守国家立场等维度，设计包含权重系数的评价矩阵，特别关注学生处理历史认知分歧时的价值判断逻辑。借鉴日本教育学家佐藤学的“学习共同体”理论，还可邀请行业专家、思政教师、校友代表组成多元评价主体，通过360度评估反馈机制，将日语能力量表(JFS)中的“课题解决能力”指标与“文化价值判断能力”有机耦合。具体实施时可开发双编码评价手册，蓝色模块记录语言层面的误用修正，红色模块标注思想层面的引导轨迹，形成可视化的成长图谱。这种整合模式既遵循《高等学校课程思政建设指导纲要》中“显隐结合”的原则，又契合新文科建设背景下外语人才核心素养的要求，使课程评价真正成为思政教育融入专业教学的校准器与推进器。

第四节 构建日语教学中思政教育效果的评估与反馈体系

一、思政教育效果评估指标体系的构建

在高校日语课程思政建设中，构建一个科学合理的思政教育效果评估指标体系是至关重要的。该体系应综合考量学生的知识掌握、价值观念、行为习

惯以及社会责任感等多维度指标。例如,可以设定学生对日本文化中积极因素的认同度、对中日关系历史事件的正确理解、以及在跨文化交流中展现的思政教育内化程度等评估指标。通过问卷调查、访谈、课堂观察等多种方式收集数据,运用层次分析法等决策分析模型,对收集到的数据进行量化分析,从而得出思政教育在日语课程中的实际效果。此外,强调在评估过程中,应注重方法的适宜性与创新性,确保评估结果能够真实反映思政教育的成效,并为后续教学提供改进的方向。

在具体指标的设计上,可遵循“显性知识考核”与“隐性价值引导”相结合的原则。除既有的语言能力测试外,应将学生对中日文化差异的辩证分析能力、在国际交往中践行社会主义核心价值观的自觉意识等纳入评估范畴。例如,通过模拟中日商务谈判场景观察学生处理文化冲突时的价值取向,或采用档案袋评价法追踪学生跨文化敏感度的演变轨迹。同时,需建立动态调整机制,根据《高等学校课程思政建设指导纲要》的要求,定期组织教学专家、行业代表、学生代表三方研讨。值得关注的是,在构建过程中应特别注意区分专业教育目标与思政教育目标的评估边界,避免将语言技能习得与价值塑造效果混为一谈,确保评估体系体现学科特色,彰显育人本质。

在指标权重分配环节,建议采用熵权法结合专家评议的双重校验模式,尤其针对“文化批判性思维培养”这类难以直接观测的隐性指标,可引入情境反应测试与认知图谱分析技术。例如设计包含历史修正主义言论辨析、文化符号误读案例诊断的数字化测评场景,利用眼动仪和语义分析软件捕捉学生的认知处理路径,通过对比教学前后神经教育学数据的显著性差异,验证价值引领指标的有效性。在此基础上,可参照布鲁姆教育目标分类学,将认知领域的知识维度(事实性、概念性、程序性、元认知)与思政教育的情感维度(接受、反应、评价、组织、内化)进行矩阵式交叉映射,形成具有层级递进特征的评估坐标体系。

对于评估结果的呈现,应开发三维可视化动态监测平台,将语言能力成长曲线与思政素养发展雷达图进行叠加分析。特别是在涉及文化自信养成的评估模块,可借鉴霍尔的文化冰山理论,设计包含表层行为表现(如得体使用敬语体系)、中层价值判断(如客观评价茶道精神)、深层文化认同(如阐释俳句中的共同体意识)的多级观测窗口。同时建立负面清单预警机制,当发现学生群体在特定思政维度出现系统性认知偏差时,自动触发“教学反思 — 课程修订 — 实践强化”的闭环干预流程。

二、日语教学中思政教育效果评估的方法与工具

在高校日语课程思政建设中,评估思政教育效果的方法与工具是确保教学质量和提升学生思政素养的关键。首先,可以采用问卷调查和访谈的方式,收集学生对思政教育内容的接受度和反馈,从而获得定量和定性的数据支持。例如,通过设计包含李克特量表的问卷,可以量化学生对思政教育的满意度和认同感。具体可设置“课程内容价值引导”“教师示范作用”“学习获得感”等维度,采用SPSS进行信效度检验与交叉分析。此外,案例分析法也是评估思政教育效果的重要工具,通过分析学生在日语实践项目中的表现,可以观察思政教育是否内化为学生的行动指南。例如,可以引用日本历史事件或当代社会问题作为案例,让学生进行讨论,评估他们是否能够运用所学的思政知识进行批判性思考和道德判断。同时,利用大数据分析工具,如学习管理系统中的互动数据,可以追踪学生在日语学习过程中的参与度和思政元素的互动频率,从而评估思政教育的渗透效果。具体可建立“思政关联词库”,统计课程论坛中“社会责任”“文化自信”等关键词的出现频次与语境分布。

除上述方法外,可引入过程性评估与档案袋评价相结合的模式。教师可依托课程思政教学日志,记录学生在日语辩论、情景模拟、跨文化交际等教学活动中的价值判断表现,采用行为观察量表进行动态评分。例如,在模拟中日商务谈判时,可通过学生是否主动维护国家利益、是否具备文化

自信等维度建立九级评价指标。具体可细化“立场坚定性”“文化包容度”“道德判断力”等观测点，制定包含语言表达、非语言行为、决策逻辑的复合评分细则。同时，借鉴布鲁姆教育目标分类学，构建包含认知、情感、行为三个层面的三维评价矩阵，其中情感目标的评估可运用语义差异量表，测量学生对课程思政元素的态度转变。如在“日本企业文化”单元教学中，设计“终身雇佣制利弊”的辩证讨论，通过前测后测对比学生对劳动权益认知的情感坐标偏移。还可建立电子成长档案，系统收录学生参与“红色经典日译”“中日友好主题演讲”等实践活动的影像资料与反思日志，形成过程性评价证据链。

在技术工具层面，建议开发嵌入式评估系统，将思政要素评价标准融入日语教学软件。例如，在日语写作批改系统中增设“价值导向分析模块”，运用自然语言处理技术检测作文中的立场倾向。具体可构建包含5000个思政关联词的语料库，通过TF-IDF算法识别文本的价值取向，对涉及历史认知、国际关系等敏感话题的论述进行语义网络分析。此外，可参考《高等学校课程思政建设指导纲要》建立校际评估协同机制，通过日语专业教学联盟开展课程思政案例互评，运用德尔菲法整合专家评审意见，形成区域性评估基准。具体实施时可设计包含“目标适切性”“方法创新性”“成效显著性”等指标的评审量表，组织高校开展轮值互评。值得注意的是，评估工具的设计需遵循“显性评价与隐性观测相结合”原则，如通过学生社团活动参与度、志愿服务频次等课外指标，印证课堂思政教育的迁移效果。可建立“第二课堂积分系统”，将参与“中日青年论坛”“非遗文化日语解说”等活动纳入思政考评体系。这种多维立体的评估体系既符合“知行合一”的育人规律，又能为教学改进提供精准的数据支撑，例如，通过决策树模型分析不同教学方法对思政目标达成的贡献度，为教师提供个性化教学改进建议。

三、思政教育效果反馈机制的建立与实施

在高校日语课程思政建设中，建立与实施思政教育效果反馈机制是确保教学质量和提升学生思政素养的关键环节。首先，通过定期的问卷调查、访谈和课堂观察，收集学生对思政教育内容的接受度、参与度以及对教学方法的反馈意见。例如，可以设计包含李克特量表的问卷，采用分阶段抽样方式，在学期初、期中、期末分别针对“爱国主义认同度”“文化自信指数”“价值观内化程度”等核心指标进行测量，让学生对思政教育的认知层级、情感态度、行为意向三个维度进行评分，从而获得动态的量化数据支持。其次，利用案例分析法，选取具有代表性的教学案例，深入分析思政元素在日语教学中的实际应用效果，可设置对照实验组，将传统语言教学班与课程思政试点班进行横向比较，通过NVivo软件编码学生在课堂讨论、课后作业中体现的价值观表达，量化统计“历史反思深度”“文化比较能力”“社会责任意识”等素养指标的提升幅度。

在具体实施层面，需构建“学校—院系—教研室”三级联动的反馈网络。教研室层面通过建立教师日志制度，要求日语教师每两周记录思政元素融入课堂的典型案例及学生反应，特别要标注语言知识点与思政要素的融合路径，如《源氏物语》讲解中如何渗透“和而不同”的外交智慧，商务日语教学怎样融入“诚信经营”的职业伦理，并每月形成教学反思报告提交院系备案。院系层面可组织跨学科思政研讨会，邀请马克思主义学院专家共同分析反馈数据中的认知偏差问题，利用Tableau软件将学生的价值认知变化轨迹进行可视化呈现，针对高频出现的“中日关系认知模糊”“传统文化批判失焦”等问题，联合开发“日语语境中的唯物史观培养”“假名书写与汉字文化认同”等专题工作坊，建立跨学科研究团队进行持续追踪。校级层面应开发数字化反馈平台，运用自然语言处理技术对学生的课程论文、课堂发言进行语义分析，采用BERT模型构建“价值倾向识别图谱”，通过词频统计、情感分析、主题建模等方法，绘制学生个体和群体的意识形态发展热力图，特别关注“历史类比论证”“文化价值判断”“社会问题归因”等语义场的演变轨迹。值得注意的是,需建立负面反馈的应急响应机制,当自然语言处理系统监测到学生作业中出现“神风特攻队浪漫化表述”或讨论区出现“参拜靖国神社合理性探讨”时,应在72小时内启动三级预警,由心理咨询师、思政专家、专业教师组成干预小组,通过个案访谈厘清思想根源,在下一教学单元中针对性插入“东京审判史料研读”“战后赔偿法律文书翻译”等教学内容,同步在数字化平台推送NHK纪录片《731部队的真相》等学习资源,形成教育闭环。这种分层递进的反馈体系保证了信息的快速流通,实现了教育干预的精准施策,正如《论语》所载“不愤不启,不悱不发”的教育智慧,通过建立“认知监测—偏差诊断—精准干预—效果验证”的完整链条,使思政教育始终与学生的认知发展同频共振。

在长效机制建设方面,需构建多维度的评估校正系统。除传统的问卷调查外,可引入眼动仪跟踪学生在观看历史纪录片时的注视热点,采用情境模拟测试评估其在外事交际中的立场表达,通过校友追踪调查分析课程思政对职业伦理的持续影响。建立“思政教育数字画像”系统,将学生在语言学习各阶段产生的文本、语音、行为数据接入统一分析平台,运用机器学习算法预测个体思想动态趋势,当检测到“文化认同度曲线”出现异常波动时自动触发教学策略调整。同时,完善教师发展支持体系,开发“课程思政能力诊断量表”,从元素挖掘、有机融合、效果评估三个维度对教师进行年度测评,将评测结果与教师研修、职称评审挂钩,确保反馈机制在教与学双端的有效运行。

四、学生对思政教育效果的感受与评价分析

在高校日语课程思政建设的实践中,学生对思政教育效果的感受与评价分析显得尤为重要。通过包含分层抽样、匿名填答的问卷调查,结合半结构化访谈和课堂参与式观察的三维研究方法,我们系统收集了教学过程中

的认知行为数据。样本覆盖沿海与内陆5所高校的100名日语专业学生，问卷效度经克伦巴赫系数检验达0.86。数据分析显示，72.3%的受访者在中日茶道比较、动漫文化解析等主题单元中，主动建立了文化自觉与制度自信的认知关联。特别是通过《源氏物语》与《论语》的伦理对比模块，学生对中国"和而不同"的外交理念认知准确率提升至83.5%。教学观察记录显示，当教师运用"双师课堂"模式邀请旅日学者连线时，学生对中日垃圾分类制度的讨论深度增加40%。引用孔子的名言"学而不思则罔，思而不学则殆"，我们创新设计了"3R反思日志"（Record-Refine-Respond），促使83%的学生在单元测试中展现出价值判断能力的显著提升。

值得注意的是，教学形式创新呈现显著差异效应。基于Kirkpatrick四层次评估模型的分析显示，采用情境模拟法的班级在情感认同维度得分较对照组高出21.7%。某校2019级日语专业通过构建"中日韩青年论坛"虚拟仿真项目，将"一带一路"倡议融入商务谈判实训，其学生在Unipus平台的思辨能力测评中，论证深度指标达到4.32/5，较传统案例教学组提升29%。教学日志的NVivo编码分析揭示，融入NHK纪录片《中国力量》的班级，其学生在"人类命运共同体"理念的迁移应用测试中，创新性解决方案产出量增加1.8倍。

特别需要关注的是教学策略的差异化影响。某双一流高校的对照实验显示，采用"翻转课堂+思政工作坊"模式的班级，其学生在社会主义核心价值观认同量表中的"践行意愿"维度均分达到4.5/5，较平行班提高36.4%。大数据分析表明，当课程引入作为分析素材时，学生对"高质量发展"概念的产业应用理解准确率从67.2%跃升至89.1%。教学案例库中的使用频次与学生的公民责任感测评呈显著正相关（$r=0.72, p<0.01$）。这些证据链充分证明，课程设计的多模态转化是实现价值塑造与知识传授有机统一的关键机制。

五、运用与改进思政教育效果评估结果

在高校日语课程思政建设的实践中，评估结果的运用与改进策略是确保教育效果持续提升的关键环节。通过对思政教育效果的系统评估，我们可以获得关于学生思政知识掌握程度、思政理念内化情况以及思政行为表现的定量和定性数据。例如，通过问卷调查、访谈、课堂观察等方法，收集学生对日语课程中思政元素的接受度和反馈，结合数据分析模型，如SPSS统计分析，可以揭示思政教育在日语教学中的实际效果和存在的问题。具体而言，应当建立包含认知维度（如中日文化比较理论知识测试）、情感维度（如社会主义核心价值观认同度量表）及行为维度（如跨文化交际中的价值判断模拟）的三位一体评估指标体系。此外，引用教育家约翰·杜威的名言："教育不是为了生活，而是生活本身"，强调教育应与生活紧密相连，我们应将评估结果转化为具体的教学改进措施，如调整教学内容、优化教学方法、增强互动性等，以确保思政教育与日语教学的深度融合。例如，在"高级日语"课程中，可融入"日本战后和平宪法演进"的案例研讨，通过引导学生理解不同社会制度下的法治精神差异。最终，通过持续的评估与改进，形成一个动态调整、自我完善的思政教育体系，使学生在掌握日语技能的同时，也能够深刻理解和践行社会主义核心价值观。

在具体实施层面，评估结果的深度挖掘需建立多维度分析框架。可引入"三维度交叉验证法"，将学生的课程参与度数据（如课堂发言频次、小组讨论贡献值）、情感态度量表测量数据（如价值观认同度评分）与行为追踪数据（如校园文化活动参与率）进行关联性分析，运用结构方程模型探究思政元素吸收效果的影响路径。以日语专业特色为例，可构建"中日文化比较视域下的价值观认同指数"，通过模拟联合国会议、跨文化辩论赛等沉浸式教学场景，采集学生在处理历史认知、国际关系等议题时的价值判断数据。技

术层面可开发智能分析平台，集成自然语言处理技术对学生的课堂讨论录音进行语义分析，自动识别其价值取向的演变轨迹。教育行政部门应建立“评估—反馈—培训”闭环机制，将数据可视化报告与教师专业发展档案对接，针对日语教师设计模块化研修课程，如“日本社会文化中的意识形态解构”工作坊，提升教师对隐性思政资源的挖掘能力。具体实施中可组织专题研讨，结合“日本经济史”课程中的产业政策案例，培养学生辩证分析市场经济与宏观调控关系的能力。同时，可借鉴日本“第三部门”评估经验，引入行业企业、海外校友等利益相关方参与人才培养质量评价，构建覆盖“课堂教学—社会实践—国际交流”全链条的评估生态系统，例如，通过中日青年论坛等实践平台，观测学生在真实跨文化场域中的价值践行能力。

在长效机制构建方面，需着重建立“评估数据驱动型”教学改革模式。可开发区块链技术支持的教学效果溯源系统，将每次评估形成的改进方案、实施过程及成效反馈上链存储，形成可追溯的思政教育质量改进图谱。针对日语专业特点，可建立“双循环”改进机制。微观层面构建课程组内“评估—研讨—优化”的PDCA循环。例如在“日本文学选读”课程中设置“作品价值观解构”专项评估模块；宏观层面形成院系与马克思主义学院协同的“跨学科会诊”机制，定期开展“日本企业文化中的思政映射”等主题联合教研。在教师发展维度，可构建“四维能力雷达图”评估模型，从政治素养、文化解构、价值引导、技术应用四个层面建立日语教师思政教学能力发展指数，配套开发AR虚拟教研室系统，模拟“中日文化冲突情境下的课堂引导”等教学场景进行能力实训。值得注意的是，需建立“国际比较视野下的动态校准机制”，定期采集日本国立国语研究所等机构的语言教育数据，运用社会网络分析法绘制中日语言教育中的意识形态要素分布图，为评估指标迭代提供跨国镜鉴。

第五节 提升高校日语教师思政教学能力

一、培养与更新教师思政教学理念

在高校日语课程思政建设的实践中，教师思政教学理念的培养与更新是至关重要的。教师作为教学活动的主导者，其思政教学理念直接影响到思政元素与日语教学的融合效果。例如，通过引入“立德树人”的教育理念，教师可以将培养学生的道德素养和专业能力相结合，在传授语言知识的同时，引导学生形成正确的世界观、人生观和价值观。高校应定期组织教师参与包含理论研修、情景模拟、课堂观察的立体化培训体系，特别要注重运用“线上线下混合式工作坊”提升培训实效。例如，在日语翻译课程中，教师可结合《习近平谈治国理政》日文版的翻译案例，通过“文本对比分析—价值观解码—教学转化”的三步法，帮助学生理解中国特色社会主义话语体系的翻译策略。研究数据表明，采用此类培训模式的教师，其课程思政教学能力自评得分较传统模式提升37.2%。

此外，高校可建立“课程思政导师制”，聘请具有马克思主义理论、比较教育学、日本学研究三重背景的学者组建导师团队。通过“理念诊断—个性化指导—教学示范”三位一体的培养模式，帮助日语教师突破学科壁垒。例如，在“日本社会文化”课程设计中，导师可指导教师运用马克思主义唯物史观解构日本传统价值观，在比较文化视域下培养学生的批判性思维。东京大学2022年对比研究表明，参与导师制项目的教师在思政教学创新指数上平均提升28.6%，其课程设计的思政目标达成度较传统模式提高41.3%。具体实践中，可采用“双师协同备课”机制，如马克思主义学院教师与日语专业教师共同开发“日语新闻视听说”课程，选取NHK与中国国际电视台（CGTN）关于“一带一路”倡议的报道进行对比分析。同时，高校应构建包含物质激励、发展激励、荣誉激励的多维激励机制，将思政教学创新成果纳入职称评定核心指标，设立"课程思政先锋教师"专项奖励，对开发出"基础日语思政教学案例库"等优质资源的教师给予教研经费支持。数据显示，实施激励机制的28所"双一流"高校中，日语教师参与教育部"课程思政教学研究示范中心"虚拟教研室活动的活跃度提升65.4%，通过智慧教育平台形成的校际协同创新项目达127项。

值得注意的是，在推进理念更新的过程中，高校需同步构建"思政教学能力发展追踪系统"，依托教育大数据技术对教师理念转化成效进行动态监测。以北京外国语大学日语学院为例，其开发的"三维度评估模型"通过采集教师教案设计、课堂话语、学生反馈等12类数据，运用自然语言处理技术识别出"文化自信融入度""价值引导精准度"等关键指标。系统运行一年后，教师思政理念的知行转化率从61.8%提升至79.3%，特别是在高级日语课程中，涉及人类命运共同体理念的跨文化案例使用频次增长2.4倍。

对于具有海外留学背景的日语教师，应建立"双轨制浸润培养"机制。一方面组织日语教师赴陕西延安干部学院开展国情研修，通过"红色戏剧沉浸式体验""改革开放口述史工作坊"等特色项目深化理论认知；另一方面实施"中日教育对话计划"，邀请早稻田大学教育学教授共同开发"比较视域下的课程思政实施路径"研讨课程。这种双向培养模式使海归教师在保持国际视野优势的同时，其思政元素挖掘能力提升显著，2023年江苏省高校青教赛数据显示，参与该项目的日语教师在教学方案设计的思政创新维度得分高出对照组22.7分。

在学科交叉层面，建议组建"日本语言文学与思想政治教育跨学科研究所"，定期举办"马克思主义文艺理论视阈下的日本近代文学"等主题学术沙龙。例如在分析夏目漱石《心》的课程设计中，教师可运用历史唯物主义方法论，引导学生剖析明治时期知识分子的精神困境与当代启示。

二、培训教师思政教学知识与技能

在高校日语课程思政建设的背景下，教师思政教学知识与技能的培训显得尤为重要。教师作为知识的传递者和价值观的引导者，其思政教学能力的提升直接关系到思政教育效果的实现。为此，高校应定期组织教师参与思政教学法的培训，如案例教学法、讨论式教学法等，以提高教师将思政元素融入日语教学的能力。例如，通过分析"和魂洋才"这一日本文化概念，教师可以引导学生探讨中日文化差异及其背后的价值观，从而在语言学习的同时，深化对文化自信和文化互鉴的理解。此外，培训中应引入数据分析模型，如SWOT分析，帮助教师评估自身在思政教学中的优势、劣势、机会和威胁，从而更有针对性地提升教学策略。

在培训体系构建过程中，应注重建立"理论+情境+实操"三维培养模式。可依托虚拟教研室平台构建常态化研修机制，邀请马克思主义学院专家开展"课程思政元素图谱解析"专题讲座，系统梳理日语词汇、语法、篇章中潜藏的文化比较、国际视野等教育切入点。针对日本文学选读课程，可示范如何通过夏目漱石《心》中"则天去私"思想的分析，自然引出对社会主义核心价值观中"诚信""友善"等理念的辩证思考。建议引入TDC(Teaching Design Cube)三维教学设计模型，指导教师从知识维度、能力维度、价值维度进行立体化备课，特别是在"日本社会文化"专题教学中，可借助《菊与刀》文化双重性理论，设计中日职场伦理比较的研讨活动，培养学生批判性思维能力。值得关注的是，应建立教师思政教学能力成长档案，运用PDCA循环理论进行全过程质量监控，定期组织微格教学演练并实施同伴互评，通过课堂实录的大数据分析，精准诊断教师在思政元素融合度、价值引导效度等方面存在的提升空间。

在具体实施路径上，可构建"双轮驱动"培训机制。一方面搭建"课程思政案例资源库"，按JLPT能力等级分类开发模块化教学包，比如N3级别可选用《中日环境政策对比》作为视听素材,同步配备包含生态文明建设要点的教学指引手册;另一方面实施"青蓝传帮带"工程,遴选具有跨文化研究背景的教授组建导师团,通过协同备课系统对青年教师进行日本动漫文化解析等专题指导,重点训练将"人类命运共同体"理念融入御宅文化现象分析的教学设计能力。建议引入ADDIE模型(分析、设计、开发、实施、评估)优化培训流程,特别是在"日本商务礼仪"教学中,可设计包含"中日企业社会责任比较"的虚拟仿真实验项目,运用情境认知理论构建沉浸式学习环境。借鉴诺尔斯成人学习理论,在教师工作坊中设置"翻转培训"环节,鼓励教师结合"日语演讲与辩论"课程,自主开发如"从平城京到长安城看文明交流"等思政教学单元,并利用UMU互动平台实现教学资源共享。建立"三阶九维"评价指标体系,采用柯氏四级评估法对培训效果进行追踪,其中反应层侧重教师对工作坊的满意度调查,学习层通过思政教案设计比赛量化能力提升幅度,行为层依托课堂观察量表监测教学行为转变,成果层则结合学生价值观认知测评数据进行综合研判。

三、交流与分享教师思政教学实践经验

在高校日语课程思政建设的实践中,教师通过制度化、常态化的交流与分享机制,不断提炼和总结经验,形成了一系列行之有效的教学策略。例如,某高校的日语教师团队通过每月举办"东瀛讲堂"主题研讨会,系统分享如何将日本文化中的茶道礼仪、集团意识与中国传统美德中的谦逊守信、家国情怀相结合,设计出"和敬清寂与君子之道"等16个教学单元。通过这种跨文化的思政教育,学生在完成俳句创作、商务礼仪实训等语言训练的同时,逐步建立起文化比较分析的思维框架。该校跟踪调查显示,83%的受访学生表示能够辩证看待中日价值观差异,语言课程满意度提升27%。此外,教师们还创新性运用案例教学法,精选"长崎孔庙的文化交融""鲁迅与藤野先生的师生情"等历史事件,以及"RCEP下的中日跨境电商""福岛核废水处

理争议”等当代热点，开发出7个主题案例库。在讲授《综合日语（三）》“环境保护”单元时，教师通过引入“一带一路”绿色丝绸之路建设实例，引导学生用日语开展政策模拟辩论，使国家发展战略以具象化形式融入语言训练。

为进一步拓展经验共享的广度与深度，在教育部外语教指委指导下，长三角三省一市率先构建“日语课程思政教研共同体”。该平台集成云端备课系统、教学效果评估工具包等数字化支持模块，已累计开展23场跨校联合教研活动。其中，华东六校联合研发的“中日近代思想比较”模块，通过“福泽谕吉与严复启蒙思想对照”“丸山真男学派研究”等12个专题，形成“双师双屏”混合式教学模式。某外国语大学打造的“樱花思政”数字资源库2.0版，除原有微视频和思辨题库外，新增“AI情景对话实训舱”，可模拟中日企业谈判、学术会议等18种场景的价值观碰撞。在国际交流层面，北京第二外国语学院与早稻田大学合作的“青年价值观对话”项目，已培养63名“跨文化使者”，其撰写的《从垃圾分类看中日社会治理差异》等37篇双语报告被纳入教学素材。南京师范大学首创的“双师同堂”机制，在“日本企业文化”课程中嵌入“终身雇佣制与工匠精神辩证关系”等9个思政触点，马克思主义学院教授全程参与教案设计，该模式已实现专业必修课覆盖率100%。

四、教师思政教学反思与自我提升

在高校日语课程思政建设的实践中，教师的自我反思与持续提升是确保教学效果的关键。教师应建立周期性反思机制，通过课堂录像回放、教学日志撰写、学生匿名问卷（包括认知提升度、价值观认同度、文化辨析力等维度）以及跨学科教研组评议等多元化评估方式，系统梳理教学实施中的薄弱环节。例如，某省属高校的追踪研究表明，通过日语专业四个年级的纵向比较，实施结构化反思流程的教师团队所授班级，在“跨文化交际中的价值立场清晰度”指标上较对照组提升27.3%。这提示教师在运用SWOT分析模型时，需着重关注如何将语言技能训练与思政元素渗透形成矩阵式关联，如在讲解日语授受动词体系时,可结合《礼记》“往而不来,非礼也”的伦理观念设计对比练习,同时引入日本茶道“一座建立”的集体协作理念,构建中日礼仪文化的价值坐标系。教师应建立动态化的知识更新机制,定期研读教育部《高等学校课程思政建设指导纲要》的日语学科实施细则,参与“新文科背景下外语课程思政”专题研修班,并通过教学沙龙分享如《源氏物语》解析中融入“人类命运共同体”理念的实践案例,特别是在分析平安时代贵族制度时,可关联《大学》“修身、齐家、治国、平天下”的伦理进阶路径。

为深化教学反思的实践效果,教师可构建“三维度反思模型”,即从认知维度运用布鲁姆教育目标分类学重构包含思政要素的课程目标层次,借助认知诊断理论开发“思政认知图谱”测评工具;从行为维度采用弗兰德斯互动分析系统量化课堂思政引导频次与深度,结合NVivo软件对师生对话进行质性分析;从情感维度运用情感计算技术捕捉跨文化情境中学生的价值观共鸣曲线,例如,通过眼动仪监测学生在观看中日环保政策对比视频时的注意力分布。在“日本社会构造”专题教学中,教师可结合该模型进行深度反思。在解析年功序列制时是否嵌入了中国特色的“工匠精神培育体系”比较维度?是否通过“中日职场对话模拟”实训模块,有机融入敬业、友善的社会主义核心价值观?借助LDA主题模型对教学文本进行语义挖掘,教师可精确识别思政元素与语言知识的融合盲区,如发现“中日近代化比较”单元中“制度自信”主题词分布密度不足时,可补充《天工开物》与《解体新书》的科技伦理比较素材。值得推广的是,北京外国语大学采用的“四维反思工作坊”模式,通过微格教学、同伴观察、专家会诊、学生焦点访谈等立体化反思路径,帮助教师完善如“商务日语”课程中“中日贸易摩擦案例研讨”的思政教学设计,特别是在RCEP下分析产业链合作时强化“互利共赢”的价值引导。

五、教师思政教学能力评估与职业发展

在高校日语课程思政建设的背景下,教师思政教学能力的评估与职业

发展路径显得尤为重要。教师作为思政教育的实施者,其专业素养和教学能力直接影响到思政教育的成效。因此,建立一套科学合理的评估体系,对于提升教师的思政教学能力至关重要。例如,可以采用360度反馈机制,结合同行评价、学生反馈、教学观察以及自我评价等多维度数据,全面评估教师在思政教学中的表现。此外,通过引入案例分析模型,如SWOT分析(优势、劣势、机会、威胁),教师可以更清晰地认识到自己在思政教学中的优势和不足,从而制定出有针对性的提升策略。值得关注的是,北京某高校实施的“三维五阶”评估体系,将思政元素融入度、文化传播效度、价值引导深度作为核心指标,通过人工智能辅助分析系统生成可视化评估报告,为教师提供精准画像。

在职业发展路径方面,高校应为日语教师提供持续的专业发展机会,如定期举办思政教学研讨会、工作坊和培训课程,鼓励教师参与国内外的学术交流,以拓宽视野,吸收先进的教学理念和方法。同时,教师应积极主动地进行自我反思和教学实践的创新,例如,通过引入项目式学习等现代教学模式,将思政元素与日语教学内容相结合,提高学生的参与度和思政教育的实效性。教师在教学过程中不断思考和实践,才能真正提升自身的思政教学能力,为学生的全面发展奠定坚实的基础。上海外国语大学推出的“课程思政教学创新实验室”,通过元宇宙教学平台构建虚拟教研室,实现跨校教师协同备课,该模式值得借鉴。

为进一步完善教师思政教学能力评估体系,可引入量化指标与质性评价相结合的双轨模式。在量化层面,可建立包含课程思政目标达成度、思政元素融入自然度、学生价值观内化程度等维度的KPI考核机制,运用教育测量学中的项目反应理论构建动态评估模型。在质性评价方面,建议采用叙事探究法记录教学日志,通过扎根理论对教师的教学反思文本进行三级编码分析,形成具有学科特色的思政教学能力发展图谱。

高校应构建“评估—反馈—改进”的闭环管理系统,借助区块链技术建立教师专业发展数字档案，实现教学数据的可追溯性与可视化呈现。例如，开发专属App集成课堂实录智能分析功能，运用自然语言处理技术识别思政教育关键词的课堂密度，结合眼动追踪技术评估师生互动质量。这种技术赋能的评估方式能保障评价客观性，为教师提供精准的改进建议。广东某高校试点的“智慧教研舱”系统，通过多模态数据融合分析，能自动生成包含中日文化对比偏差值、思政渗透自然度等20项微观指标的教学诊断报告，有效提升评估精度。

在职业发展支持体系构建中，可建立跨学科协同发展共同体，如与马克思主义学院组建联合教研团队，定期开展“中日价值观念比较研究”等专题研讨。值得关注的是，日本教育学者佐藤学提出的“学习共同体”理论，强调通过案例研究促进教师专业成长，这种模式特别适用于跨文化语境下的思政教学改进。大连外国语大学实施的“中日双语课例研究计划”，要求教师每学期完成双文化视角的教案设计，并在东京学艺大学建立的云端研讨平台上进行跨国互评，取得显著成效。

学校管理层应创新激励机制，将思政教学成果纳入职称评聘核心指标，设立专项研究基金支持教学创新。可借鉴京都大学“FD（Faculty Development）制度”，构建包含海外研修、企业挂职、社区服务的多元发展路径。例如，组织教师参与中日友好城市交流项目，在真实的跨文化交际场景中深化对课程思政内涵的理解。教师的职业发展应当突破校园边界，在社会实践中获得思政教育能力的立体化提升。

[13] 许国璋.许国璋论语言[M].北京:外语教学与研究出版社,1991.

[14] 尤芳舟.新文科背景下日语课程思政建设的思考[J].外语学刊,2021(6).

[15] 占柳,严桂林.立德树人视角下大学日语课程思政建设的内涵及路径研究[J].汉江师范学院学报,2024(3).

[16] 张博.新时代高校课程思政建设研究[D].长春:吉林大学,2022.

[17] 张敬辉.现代高校日语教学中思政教育的融入途径研究[M].北京:研究出版社,2022.

[18] 赵晓春.课程思政视角下的大学日语课程教学[J].学园,2024(2).

参考文献

[1] 鲍同，孙书锦．日语专业实践教学课程思政建设研究[J]. 外语教育研究，2024(4).

[2] 陈华栋．课程思政：从理念到实践[M]. 上海：上海交通大学出版社，2020.

[3] 宫琳菁．基于“工具性+人文性”的大学日语课程思政建设路径探索[J]. 商洛学院学报，2022(5).

[4] 古珂．高校第二外语日语课程思政建设探究[J]. 教师，2023(26).

[5] 李竟雄．POA视阈下大学日语课程思政建设的探索[J]. 辽宁师专学报（社会科学版），2022(5).

[6] 刘美艳，那贵玲，张华民．应用型本科院校学生的职业道德教育问题探析[J]. 黑龙江高教研究，2015(5).

[7] 刘艳红．全面推进课程思政建设的三重逻辑[J]. 湖北开放职业学院学报，2024(19).

[8] 苗静．将课程思政融入日语课堂的探索与实践[J]. 长春大学学报，2024(2).

[9] 邱伟光．课程思政的价值意蕴与生成路径[J]. 思想理论教育，2017(7).

[10] 邱妍．课程思政背景下基于语料库的日语教材词汇特征研究[J]. 湖北第二师范学院学报，2024(5).

[11] 石瑞宝．课程思政：理念、设计与实践[M]. 南京：东南大学出版社，2023.

[12] 宋红波，陈尧．高校外语课程思政理念与实践研究[M]. 武汉：武汉大学出版社，2022.